津本式

究極の血抜き【完全版】

【監修】

津本光弘（つもと みつひろ・有限会社 長谷川水産）

【アドバイザー】

最上 翔（もがみ しょう・D'ORO（ドーロ））

黒木裕一（くろき ゆういち・鮨と魚肴 ゆう心）

保野 淳（やすの じゅん・sushi bar にぎりて）

高橋希元
（たかはし きげん・東京海洋大学 学術研究院
食品生産科部門 助教／博士〈海洋科学〉）

【スペシャルサンクス】

有限会社 長谷川水産

Facebook　津本式グループの皆様

佐久間亮介（さくま りょうすけ・有限会社 大元商店）

岩崎和也（いわさき かずや）

石原僚太郎（いしはら りょうたろう）

【スタッフ】

編集・原稿
若林輝（RIVER-WALK）/ 深谷真

撮影
市川喜栄

イラスト
赤木あゆこ

デザイン・レイアウト
岡田 史

アートディレクション
岡田 史

活用にあたっての注意

本書で公開されている「津本式・究極の血抜き」はあくまで、魚の仕立て技術です。魚の状態・技術・知識の不足により、保存後にヒスタミン中毒や、食中毒などを起こす危険性があります。活用に関しては、個々の責任で行ってください。

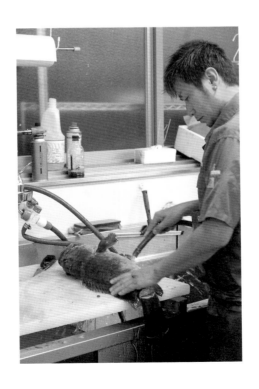

目次

熟成編

※本書で解説する津本式・究極の血抜きで使用する道具類
についてはP32〜35をご参照ください。

津本式・究極の血抜きとは？

今までに無い魚の仕立て方です

考案者 津本光弘

つもと・みつひろ　宮崎県在住。長谷川水産の営業部長として日々、包丁をふるい美味しい魚を仕立てる。本書の「津本式・究極の血抜き」の開発者、監修者。https://tsumotoshiki.com/ にて、津本式の啓蒙、関連商品の販売も手掛ける。

「完全に近い血抜きをすることで、魚の腐敗、生臭さを取り除き、本来の魚の旨味を引き出す仕立てのことです」。津本式・究極の血抜きの開発者である、津本光弘さんはそう語ります。ここで「仕立て」と津本さんが言語化したのには訳があります。津本さんは、料理人に対してのリスペクトを忘れていません。自分の仕立てた魚を美味しくするのは、それを料理する人であり、あくまでも自分はその料理人のための最上の食材を提供する「仕立て屋」なのだと考えているからです。しかし、「津本式・究極の血抜き」は本当に画期的な「仕立て」なのです。その凄さと可能性を、本書ではじっくりと解説していきます。

進化を辿ってきた「津本式」

　数年前、津本さんはヒラメを捌いていて気付いたそうです。捌いていたヒラメの処理の最中に尻尾に穴を開け胃の洗浄のために口にホースを入れて水で圧迫すると血がピューっと、ヒラメの尾の部分から抜け出すことに。「ああ、こうすると血が抜けるのか」。その気付きから津本さんの血抜き仕立ての探求が始まったと言います。

　津本式以前でも、魚の血抜きの効果については多くの漁師、釣り人、魚屋、料理人の間でも認識されていました。津本さんも、魚屋としてその重要性を強く認識していたとのことです。津本さんは試行錯誤しながら、その血抜き作業を行った魚たちの評判が卸先から非常に良いことに注目し、より高い精度の血抜き技術を磨いていくことになりました。

　やがて、顧客からどのように処理しているのかを尋ねられるようになり、Facebookのグループを使って、自身がどのように血抜きを行っているかを公開し始めます。そして、

YouTubeを使って顧客向けに処理方法を公開することにしました。日々寄せられる質問に対して、コメントで丁寧に返答していると、ある事実に気が付いたといいます。料理人などの顧客からだけでなく、釣り人からの質問が驚くほど多いことに…。

「なるほど、釣り人は自分の行っている処理の最初から血抜きに携われる人たちや。漁師と釣り人は、めちゃくちゃ津本式をやる上で、アドバンテージを持っているわけやね」。

そこから顧客向けであった動画のほかに、釣り人に向けての動画をYouTubeでアップするようになりました。2019年末時点で、津本さんが上げている津本式や魚についての動画は180本近くに及んでいます。特殊な仕立て方にも関わらず、津本式の動画チャンネルの登録者は15万人を超えています。

動画にて様々な情報を展開していますが、津本さん自身も津本式の方法に変移が見られます。日々進化しているということです。最初よりも今日、今日よりも明日、研究熱心な津本さんにより「津本式・究極の血抜き」の最新情報が届けられています。

方法として完成の域に達した津本式の完全解説

本書では、今回、数年の津本さんご本人の研究を経て、ある部分、完成形の域に達した技術を順を追って公開しています。今まで、津本式を学んで来られた方はもちろん、これから実践しようと考えている皆さんにとっても有益な基礎情報が公開されています。

ともすれば、隠したくなるような画期的な技術にも関わらず、公開を惜しまない津本さんの理念はこうでした。

「天然や旬、高級魚という言葉に惑わされず、魚たちの本来の美味しさを多くの人に楽しんでもらいたい。そうすれば、今まで見向きもされなかったような魚たちも食卓に上がるようになるんです。それを可能にしたのが、この血抜きの技法だと思っています。多くの人に知ってもらえれば、回り回って魚という資源の保護にも繋がるはず。その一助になれるなら公開を惜しみませんよ」。

さぁ、なぜ、この津本式が素晴らしい技術なのか。読み解いていけば、読者の皆様にもご理解いただけるはずです。

津本式 3つの革命

「長期熟成を可能にした鮮魚保存力」

宮崎県の「ゆう心」さんにより提供されたカンパチ熟成8ヶ月。津本式を活かした究極系とも言える。鮮魚の長期保存というひとつの可能性の出現により、まさに魚という素材の在り方が料理人によって大きく変わります。

研究機関も認めた、ひとつめの革命的特徴。それは鮮魚の保存力です。従来、魚は数日程度で消費するか、急速冷凍などにより保存、もしくは特殊な技術で保存するしか方法がなかったのですが、津本式の枠組みを実践することで、生魚状態でも1週間を超える保存が可能になりました。また、魚の美味しさを長期間保持できることから、近年、注目を集めている「魚の熟成技術」との相性が非常に良いことで知られています。つまり食材としての鮮魚の料理の幅が広がったと言えるでしょう。また、魚を扱う仕事をしている人にとっては、この驚異的な旨味を保持(引き上げる)できる保存力により、歩留まりがよくなり食材の無駄な破棄などが減らせ、利益率の向上にも繋がっています。

「完全な血抜きによる美味しさの向上」

高いレベルの血抜きを行うことで、血液、皮目などにある魚の臭みが取り除かれる。これによる食味は有る意味、従来の魚の姿とは違うかもしれない。魚本来の旨味が引き出されると言っても過言ではないでしょう。

魚の血液には、臭みの原因や腐敗の原因となる成分(トリメチルアミンオキシド、活性酵素など)が含まれており、それを津本式・究極の血抜きでは毛細血管レベルで洗浄、排出することができます。そういった要因を取り除き、適切な処理を行うことで、長期保存を可能にし、魚が本来持つ生命力や筋力などから生まれる旨味成分を十二分に引き出すことができます。「血の旨味」が抜けるという向きもありますが、「血の旨味」の正体を知ることで、補填・補完ができます。

「超ローコストに誰でも試せる手軽さ」

津本式をご存知の人や、動画を視聴されている方は、後述する特殊なノズルにより血抜きを行う必要があると考えているかもしれませんが、実際のところ、ホース1本で、ほとんどの処理が可能です。

津本式の革命的利点は、ローコストで実践が可能だということです。「究極の血抜き」と呼ばれている意味は「究極に簡単に血抜きができる」からだとご本人が言っているように、その処理の大半をホース1本で、簡単に行うことができます。その後に続く重要処理とも言える保存方法に関しても、特別な道具を必用としません。つまり、一般家庭レベルでも実践可能な技術と言えます。津本さんが開発し、販売されている津本式ノズル(本書にて解説しています)、そしてそれを使った処理はより高い精度で血を抜く為に必用な道具とも言えます。

「津本式」とは、津本光弘さんが行っている処理全体の枠組みを指します。「究極の血抜き」とは、尾を切断し、エラ膜を切り切断した大動脈にホースをあてて行う血抜き方法を指します。

津本式チャート

適切な処理を行うことで、鮮魚の長期保存が可能になりますが、処理技術によってはヒスタミン中毒や、食中毒の危険が伴います。十二分に注意し、各々の責任により行ってください。それぞれの方法、手順には合理的な意味合いがありますので、しっかりと理解し取り組むことをお勧めします。

01 脳締め

»

魚を捕獲（漁・釣り）した後、ATP（アデノシン三リン酸）を高く保持するために、なるべく早く魚を脳死状態にする作業。完璧を意識するならば、この後に神経締めを行う（ノズル処理である必用はない）。釣り人、漁師、活魚ならばやりたい必須処理。

・これをやるとやらないとで「味」が変わる
・完璧を目指すなら神経締めを行う

02 エラ膜切り（動脈切り）

»

津本式処理の最重要処理のひとつ。魚の脊柱に沿い通る「動脈」を、エラ膜を破ることでそこから切断する作業。エラ膜の穴に水を圧入することで、魚全体の血抜きを行う。この部分の理解が浅いと、失敗に繋がるので注意。

・津本式を行う上で非常に重要な工程

03 尾に切れ込み

»

尾を切断して、脊柱の上の神経、脊柱の下の動脈を露出させる。エラ側から圧入される水の排出口を作り出す作業。この部分が露出することで効率の良い血抜きが可能になる。神経穴については、ここにノズルを入れて、水圧をかけることで、神経組織を排出することが可能。

・動脈の露出は必須
・神経は抜かなくても問題ない

07 エラ取り

»

究極の血抜きを終了後、腐敗の原因となるエラを取り除く。手順を理解することで簡単に取り出せる。また、後に続く処理にも影響する。エラを取り出した後、内臓蔵側に包丁を一突きすることで内臓が取り出しやすくなる。上手く血抜きが行われれば、エラの赤味も抜けて、究極系は白くなる。

・エラの血を抜いて食べる料理もある

08 開腹

»

肛門から腹ビレの付け根までに包丁を入れる。エラ元まで包丁を入れないのは、腐敗や酸化の原因となる切り口をなるべく増やさないため。極論を言うと割いても良いが、ケアすれば良いということ。

・肛門から腹ビレの付け根までが
　開腹の基本

09 内臓処理

»

内蔵を食材とする場合を除いて、保存期間を伸ばすために行いたい処理。津本式の効果は内臓にまで及ぶので内臓を食べる場合でも効果を実感できる。処理の詳細は本書で後述するが、肛門（腸）を切断しホースなどで灌流洗浄しながら全体を取り出す。

・ホースや器具などで簡単にできる

13 袋詰め（脱気）

»

脱気時の注意としては、魚の身にダメージを与えるほどの減圧をしないようにする。脱気には魚の劣化抑止効果も少しあるが、次に続く処理の最適化が主な目的。冷水で保存することを推奨する津本式において、魚が水に直接触れずに効果的に冷温下で保存できる状態にすることが真の目的だ。

・真空状態にすることが目的ではない
・冷水保存状態を効果的に行う処置

14 冷水保存（寝かせ）

»

津本さんは2～5度以下（魚の身が凍らない低水温。長谷川水産では2度）の水を入れた容器に、脱気して袋詰めした魚を浸して保存することを推奨している。水で保存するのは極端な温度変化をなるべく避けるための措置。そして、魚の身に不必要なストレスを与えないこと。また、ほどよい水圧による、脱水効果が挙げられる。

・この状態維持が鮮度保持の要となる
・クーラーボックスなどは氷を活用しよう

15 熟成

寝かせた魚の状態を把握して、最も美味しいと思われるタイミングで食べたり、提供したりする技術。魚がどのような仕組みで、旨味を増したり減らしたりするかを理解し、素材を高めていくテクニック。津本式では冷水保存しているだけで熟成は進むが、ただ長期に寝かせれば美味しくなるわけではないので、そういった理論を理解することが必用。中毒にならないように魚の状態を把握するのも技術のひとつと言える。

・魚の旨味を上げる技術が熟成
・ヒスタミン中毒、食中毒に注意

手順には合理的な意味があります。よく理解することが大切です。

》 04 神経穴ノズル

尾の切断により露出した神経穴に津本式ノズルを挿入し、水圧をかけることで、神経締めを行う作業（魚が生きている時に有効）。また、腐敗要素となる神経組織を脳締めした穿孔部分から排出する作業。

- 活魚ならば神経締めは大いに意味あり
- 死魚ならば省いても良い

》 05 動脈穴ノズル

尾の切断により露出した動脈穴（脊柱下側）に津本式ノズルを挿入し、水圧をかけることで、血抜きを行う作業。ホース血抜きで水圧が行き届かないような大型魚、長い魚などには特に有効。完全な血抜き作業を行うならばやりたい作業のひとつ。

- 大型魚、長い魚に特に有効
- プロ向けの仕立てのひとつ

》 06 究極の血抜き（ホース）

耐圧ホースを2で行ったエラ膜の穿孔部分に押し当てて、水圧（圧迫から膨張させる）をかけることで、切断した動脈部分から魚の血管部分に真水を灌流する。灌流時間は数秒程度。切断した尾の部分から血や水が放出されるが、放出されないから失敗というわけではない。

- 津本式の血抜きにおいて最重要処理
- 灌流時間は長くしすぎないのがコツ

》 10 血合い（腎臓・メフン）処理

内蔵を取り出した後は、脊柱に沿って配置されている血合い肉や動脈部分を、包丁で切開した後に掻き出す。津本さんが開発した掻き出し器具を使えばやりやすいが、竹串や割り箸などでも代用もできる。腐敗の原因にもなるので、しっかりと掻き出しておこう。

- 津本さん開発の器具を使うと便利
- ホースや竹串などでも掻き出せる

》 11 立て掛け 血抜き・水抜き

地味な作業に見えるが、こちらも津本式の枠組みにおいては重要な作業工程のひとつ。水圧をかけ灌流することで毛細血管に行き渡った血を、この立て掛け作業でドリップする。この立て掛けを15〜30分程度行うことで、血抜きの処理のほとんどは完了する。

- 頭は必ず下側にしてドリップしよう
- 夏場はなるべく温度の低い場所で処理

》 12 紙包み

津本さんは仕事柄、専用の紙で処理を行っているが、紙包みの意味は2つ。ドリップした体液などの吸収（ミートペーパー）と、後続工程で袋詰めをする際に袋に穴が開かないように、保護（耐水紙・グリーンパーチ）する役割がある。なので、通常はキッチンペーパーや新聞紙などで代用できる。

- キッチンペーパーや新聞紙で代用可能
- 魚の棘などで袋を傷つけない処理

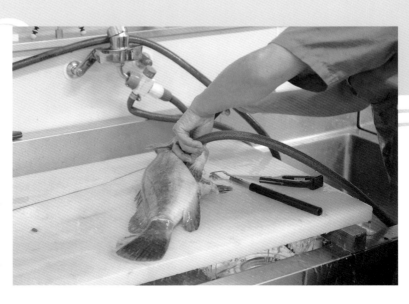

それぞれの作業や手順に、津本さんの経験則や理論からなる意味が存在するので、それを理解して作業を進めよう。省くことのできる作業、絶対必用な作業もわかってくるはずだ。

脳締め

┃ イノシン酸に変化する ATP を逃さない
┃ 津本式の手を抜けないスタートライン

脳を確実に破壊して活魚の動きを止める津本式のスタートライン。これが上手くいかないと魚は暴れ続け、エネルギーの元であるATP(アデノシン三リン酸)が減じてしまう。ATPは時間の経過とともに旨味成分のイノシン酸に変化する物質であるため、魚のポテンシャルを保つにはATPをできるだけ減らさないようにする必要がある。脳の位置を把握したら、頭骨の硬い部分を避けて包丁を刺し入れ、刃先をひねって確実に締める。脳は神経につながっており、脳締めで開けた穴は、後の神経穴ノズルの工程で神経を抜く出口ともなる。小型魚を除き、釣りなどの現場ですべての津本式工程を施せない場合も脳締めは必須だ。ちなみに魚が完全に死んだ状態で、脳締め処理を津本さんがやる理由は、津本式の処理途中に神経穴に専用ノズルを差し込み、腐敗原因となる神経組織を可能な限り体外に排出するためだ。その処理を行う必要を感じない死魚の場合は省いても問題ない。

P12 〜 31　モデル魚

ブリ

日本全国で獲れる代表的な回遊魚。関東ではモジャコ→ワカシ→イナダ→ワラサ→ブリ、関西ではモジャコ→ツバス→ハマチ→メジロ→ブリと呼ばれる出世魚。その他、各地ならではの呼び名を持つ。大型ほど脂が乗り、熟成させるには最高の肉質となる。

〈 脂乗り時期グラフ 〉

1月	2月	3月	4月	5月	6月	7月	8月	9月	10月	11月	12月

12〜2月の冬が脂の乗って美味しい季節。3月になると卵を持ち始めるので身の脂は落ちる。そこから全国的にはよくなっていく地域もあるが、宮崎に限って言えば夏のブリは総じて痩せている。逆に8〜9月に太ったマイワシを飽食する北海道のブリは夏にかなりよくなってくるのも覚えておきたい。地域性が高いので個体をしっかり見極めよう。

短期熟成	○	中期熟成	△
長期熟成	×	超・長期熟成	×

1 脳締め　魚をしっかりと押さえる

脳締めは基本的に生きている魚に施す作業。よって、まずは魚が動かないように押さえ込まなければならない。大型魚の場合はすべらないようにスポンジに寝かせ、ラバーソールの靴で押さえつける。手よりもしっかりと魚を押さえつけることができ、魚のトゲや歯などでケガをする危険も減る。

写真のように体を曲げて押さえつけることで、魚の動きを止めることができる。ブリなどの大型魚では知っておきたいテクニックだ。

★　ひとつ＝省いても良い作業　/　★★　ふたつ＝可能な限り行う　/　★★★　みっつ＝必ず行う

2 脳の位置を探る

多くの魚種で基本的に脳の位置は
共通している。目安はエラブタにあ
る線の延長と、目と鼻を結ぶ線の
延長との交点だ。魚によっては目
安となる場所がくぼんでいたり色
がついていたりすることもある。基
本を元に、魚ごとの特徴を覚えて
いこう。

3 刃を斜め40〜45度の角度で刺し入れる

寝かせた魚に対して垂直に刃を入れようとしても、硬い頭骨がじゃまを
してうまく刃が入らない。多くの場合、垂直よりも背中側に40〜45度
ほど刃を寝かせた角度で刺すと比較的容易に刺し込むことができる。
躊躇せずに力を込めてグッと
入れること。刃先が脳を刺す
と、魚は身を硬直させて細か
く震わせて、やがてほぼ動き
が止まる。脳に刃先が届いて
いないと魚は動きを止めずに
暴れてしまうこともあるので注
意。釣り船でやる場合はナイ
フなどを貫通させて船のデッ
キを傷つけないように注意。

※道具についてはP32〜35を参照

4 刺したまま刃先を45度ひねる

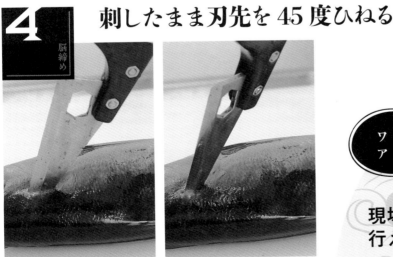

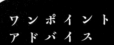

刺したらそのまま45度ほど刃先をひねる。これにより単に刺しただけと
は雲泥の差がある。刃先が脳を確実に破壊することにより、完全な脳
締めを行うことができるのだ。そのためにもアサシンナイフのような刃
先の細いナイフや包丁を締め具に用いることが重要。先の鋭いハサミ
も締め具として代用することができる。※写真はイサキです。

ワンポイントアドバイス

現場で神経締めまで行えればよりベター

釣りなどの現場では、脳締めをしたのちに専用のワ
イヤーを用いて神経締めまで行うことで、筋肉の動
きを確実に止め、ATPの減少をより防ぐことができ
る。神経は脳につながっているので、基本的に神
経締めのワイヤーは脳締めで開けた穴や、尾を
切って神経穴からも挿入することができる。写真の
マダイのように鼻の穴から入れられる魚もいる。

津本式基本チャート

【エラ膜切り】

重要度
—
★★★

津本式のための重要工程のひとつ。動脈を切断し、血抜きの下地を作る

エラを切るというよりは、エラの上側の膜を破り、魚の脊柱の下側を通る、動脈と腎臓を刃で切断するイメージ。津本式の枠組みのなかで非常に重要な工程のひとつで、この動脈切断が出来ていないと津本式が成立しないと言っても過言ではない。右ページの魚の構造図を参考に、確実に行おう。このエラ膜の穿孔部に、後ほどの作業となるが耐圧ホースを当て込み、水圧による圧迫により魚の血を抜いていくので、あまり穴を大きくしないというのもコツのひとつ。

1 エラ膜を露出させる
エラ膜切り

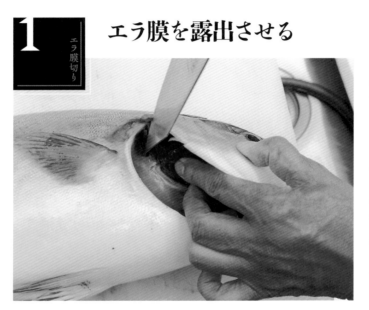

エラぶたに指を差し入れて開くとエラが見える。そのエラをめくっていくと、最後のエラが膜で体にくっついているのがわかる。この膜がエラ膜だ。「エラ膜切り」という工程だが、最終的に切断したいのはエラ膜の奥にある脊柱下側の動脈と腎臓だ。そのため突き刺す目安はエラの最も上部付近となる。

2 エラ膜を割き、動脈に刃をあてる
エラ膜切り

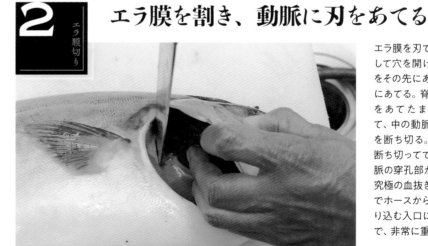

エラ膜を刃で突き刺して穴を開け、刃先をその先にある脊柱にあてる。脊柱に刃をあてたまま引いて、中の動脈と腎臓を断ち切る。ここで断ち切ってできた動脈の穿孔部が、後に究極の血抜きの工程でホースから水を送り込む入口になるので、非常に重要。

❸ 究極の血抜き処理の下地が完成

エラ膜切り

エラ膜を通して動脈を断ち切った状態。究極の血抜きの工程では、このエラ膜の穴にホースを押し当て、脊柱とホース口の間にエラ膜を挟みこむようにして、水を動脈と腎臓の穿孔部に送り込む。エラ膜切りが正しく行われていないと津本式自体が成立しない。

【魚の構造図】

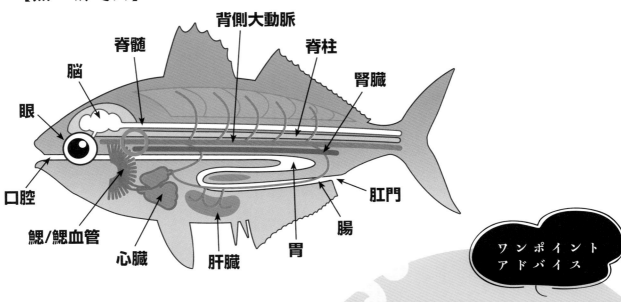

背側大動脈
脊髄
脊柱
脳
腎臓
眼
口腔
肛門
鰓/鰓血管
腸
心臓
胃
肝臓

魚の基本的な血液循環は図の通り。心臓から送り出された血液は動脈（と静脈）を経由して全身の血管にめぐり、酸素が減少した血液はエラ（鰓）で再び酸素を取り込み心臓に戻るという仕組み。本工程は、エラ膜の奥にあり、脊柱に沿って走る背側動脈と腎臓の先端辺りを切断し、のちにホースで水を送り込む穿孔部を作ることを目的としている。ちょうど◯の部分がこの工程でカットする部位になる。

ワンポイント
アドバイス

津本式は解剖学。魚の構造を知ることで正確な施術ができる

津本式は実に理にかなった血抜き法だ。それぞれの工程は動画や写真だけでもある程度、真似をすることはできるが、完全に理解して自分のモノにするには、しっかりと魚の構造を把握しなければならない。この解剖学的な理解を得ることができれば、応用を含めた自分スタイルの確立にも役立つはずだ。

神経の穴と動脈の穴を露出させ 処理の下地を作る

津本式の特徴的な工程のひとつ。尾を切断することで、魚の脊柱の上下にある神経穴と動脈穴を露出させる作業。ノズルによる血抜きや神経抜きのための穴であり、ホース血抜きによる水の抜け道（血の抜け道）の確保でもある。魚の構造を理解すれば極論を言えば尾切りをせずとも、血を抜く方法は存在する。津本さんも、顧客の要望があれば尾を切らず処理することもあるそうだ。しかし、作業効率と血抜き精度の観点から、尾を切断し、神経穴と動脈穴を露出する手法を採用している。

1 尾の切断 — 尾を切る位置を決める

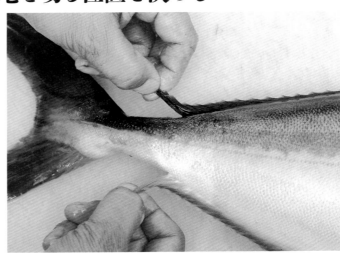

厳密に言えば尾を切る位置は、求めた穴のサイズを得られる位置となる。だが、まずここでは平均的な目安を伝えよう。それは背ビレの付け根後端と尻ビレの付け根後端を結ぶラインだ。あまり細い部分を切ってしまうと穴が小さくなりすぎてしまうし、太い部分を切ってしまうと尾の近くの身がもったいない。

2 尾の切断 — 刃が脊柱にあたるまで切る

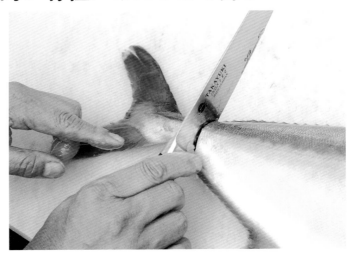

魚に対して刃を垂直にして尾の皮と肉を脊柱にあたるまで切る。できるだけ刃を長く使い、身をつぶさないように引き切るのがコツ。断面がつぶれてしまうと神経穴や動脈穴を探しづらくなってしまうので注意。

3 尾の切断 脊柱を断ち切る

脊柱に刃元をあてて、包丁の背を叩き、脊柱を一気に断ち切る。この際、完全に尾を断ち落としてしまうとのちの工程で魚を固定する際の持ち手を失ってしまうことになるので、できるだけ皮一枚残したほうがよい。プロの仕立て屋である津本さんは、商品である魚の見た目にもこだわり、頭を左に向けた状態で切り傷が見えないように皮を残している。

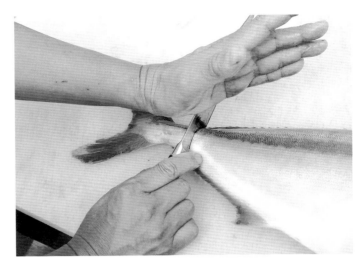

4 尾の切断 ノズルを差し込む穴がキレイに見えたら成功

神経穴と動脈穴がわかりやすく見えたら成功。最も大切なことは、神経穴と動脈穴をきれいに露出させることだ。もっと言えば、自分が所持しているノズル径に両穴の大きさを合わせる必要がある。さまざまな魚に合わせるために津本式ノズルには5種類の径タイプが用意されているが、そのすべてが揃っていないのであれば、自分が持っているノズルの径にマッチする穴を開ける必要がある。体の構造によって穴のサイズを調節することが難しい魚種もいるが、多くの魚では穴を大きくしたければ、あらかじめ、より太い部分を切ることで調整する。

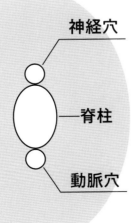

神経穴

脊柱

動脈穴

尾は絶対に切り落とさなくてはならないの？

ノズルが動脈穴や神経穴に差し込めないほど小さい魚の場合も、究極の血抜き（ホース血抜き）をした際に動脈の血を洗い流すための排出口として使えるので、尾は切断するに越したことはない。ただし、手間を考えると、ノズルを差し込めないサイズの魚であれば、尾は切らなくてもよい。

04

【神経穴ノズル】

津本式基本チャート

重要度
—
★★

神経締めと同様の効果。そして 少しでも痛みやすい部位を除去

先の作業で露出した神経穴に専用のノズルを挿入して、神経締めを行う作業。ノズルによる水圧で神経締めを行う理由は2つ。次の作業をスムーズに行うための効率化。そして、腐敗原因になる神経組織の排出だ。次に、神経締めの意味について。脳締めの前に行うのはNG。例えるなら、麻酔もせずに露出した歯の神経にドリルを当てる行為に似ている。生きている状態でそれをやれば激痛が伴うのと同様に、魚には痛覚は無いと言われているが、そのストレスは魚の旨味の元となるATPの減少に繋がる。また、津本さん的にも、なるべく楽に魚を締めてあげたいという心遣いのひとつでもある。神経締めは、死後硬直や痙攣という生体反応で余計なATPを消費させないという効果も内包する。

1 神経穴ノズル ノズルを神経穴に差し込む

脊柱の背側に沿うようにある神経穴を探し、尾の切断面に垂直にノズルを差し込む。穴に差し込め、なおかつできるだけ大口径のノズルを用いることで、神経を押し出す水圧を確保することができる。

ワンポイント
アドバイス

神経締めはワイヤーでも可能。だが……

神経締めはワイヤーを神経穴に通す方法でも行える。だが、腐敗原因となる神経組織の排出はノズルでしか行えない。より完璧な仕立てを目指すなら、ノズルでの神経抜きをマスターしてほしい。ノズルで神経組織を出せない時は、ワイヤーを通してから再度水を送るのも効果的。

2 神経穴ノズル 水を通して神経を抜く

ノズルを神経穴に差し込んだまましっかりと固定して水を注入する。高圧のかかった水流で、脊柱に沿って脳から尾まで伸びている神経組織を押し出すのだ。神経組織の出口は脳締めで開けた穴。白いひも状の神経組織がズルッとまとまって飛び出してくれば成功。出なくても失敗では無い。

05

津本式基本チャート

【動脈穴ノズル】

重要度 —

★★

▌下半身の動脈と毛細血管に水を行きわたらせる

尾を切り露出した、脊柱の腹側にある動脈穴に専用のノズルを挿入し水圧をかけ、尾側からの水の圧迫により皮目や毛細血管などの血を洗い流す作業。作業効率を考えなければ、次工程のエラ側からホースで水圧をかける「究極の血抜き」を先に行っても良い。この作業による効果は、次工程のエラ側からの水の圧入による効果が薄い部位（離れている尾側）にも高い精度の血抜きを施せることだ。極論を言えば省いても構わない作業のひとつだが、より完全に魚を仕立てたいと考えるならば、専用のノズルを使ったこの作業は必須と言えるだろう。

1 動脈穴ノズル 尻尾の動脈穴にノズルを差し込む。

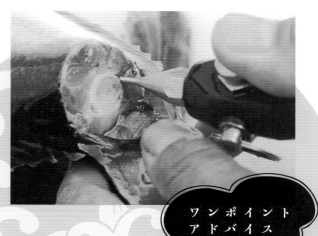

脊柱の腹側にある動脈穴に、切断面と垂直にノズルを差し込む。数ミリでもノズル口が差し込まれていれば大丈夫。あまり無理に奥まで挿入しようとすると血管や身を傷つけてしまう。この際も神経穴ノズルと同様、穴に入りなおかつ最大の口径を持つノズルを用いると効率がよい。動脈穴にノズルが入っていないまま水圧をかけてしまうと身に水が入ってしまうこともあるので、穴への挿入は注意深く行いたい。

ワンポイントアドバイス

動脈穴にノズルが合わない時は？

動脈穴よりもノズル口径が大きければ、サイズを落としていき、ピッタリと穴に納まるノズルを選ぼう。手持ちのノズルの口径が動脈穴よりも小さい場合は、少し強めに押しあてながら水圧をかける。動脈穴に入るノズルを持っていない場合は無理に行わず、この工程を省くこと。

2 動脈穴ノズル 押さえながら水を注入

しっかりとノズル口が動脈穴に入っていることを確認して水圧をかける。上手くいくとエラ膜切りで開口させたエラ側の動脈から水に混じった血が排出されてくる。ただ、最も大切なことは、この後に行う「究極の血抜き」による効果が行き届きづらい尾の周辺部の毛細血管に水圧をかけ、しっかり水を注入すること。

3 動脈穴ノズル 魚体の張りを確認

上手く水圧がかかると尾の周辺に張りが出てくる。触ってみて確認をしながら、硬く張った状態になるまで水圧をかけて終了。やりすぎると血管や身が裂けてしまうこともあるので注意。

【究極の血抜き】

津本式基本チャート

重要度 ―
★ ★ ★

津本式血抜きの最重要工程。ホースの水圧を動脈にあてる

津本式で最も需要な作業。先の作業で行ったエラ膜切りで開けた動脈と腎臓の切断部に、ホースを押しあて、水を圧入し、血管を水流で圧迫する。水圧をかけつつ、切断した魚の動脈部と腎臓に水を圧迫、灌流することで、魚の血管に水が行きわたる。皮目、身、骨まわり、内臓、エラに至る毛細血管に影響があり、この作業により魚の血が高い精度で取り除かれる。血の臭み成分(トリメチルアミンなど)や、魚の腐敗原因になる酵素類が効果的に取り除かれるので、従来よりも魚の保存期間が延びるという側面もある。使用する水は必ず真水を使う。

1 究極の血抜き ホースを動脈穴にあてる

魚を押さえながらエラブタを開け、その中に納まっているエラをエラブタ側に掻き分け、エラ膜を露出させる。次にエラ膜切りで開けた穴にホースを軽く押しあてる。厳密に言えば、水を送り込みたいのはエラ膜の奥にある動脈の切断面だ。だが、エラ膜に開けた穴にホース口を軽くあてて押さえ込むだけで、水は動脈や腎臓の開口部に自然と送り込まれていく。

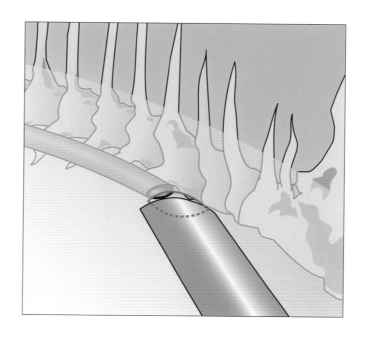

2 ホースを押さえて水を出す

エラ膜穴にホース口を押しあてたまま、ホース口とエラブタを手でしっかりと覆いながら魚をホールドし、水圧がかかるように押さえ込む。どうしてもホースの水はエラブタから出てくるが、水の出口を手で塞ぐことで、効果的に水圧をかけ、圧迫することができる。その際、ホースの口をわずかに頭のほうに倒し、尾の方に向けて水流をコントロールするのもコツだ。

3 魚体の張りを確認

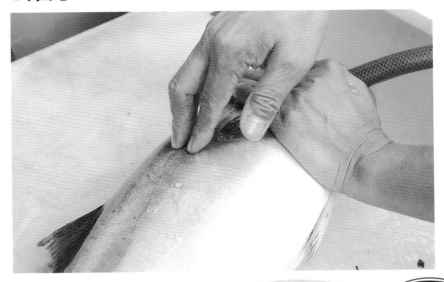

圧迫をかけると魚体がみるみるうちに張ってくる。指で魚体の表面を押して確認して、パンパンに硬く張ってきたところでやめる。魚体が全く張ってこなければ、上手く水圧が動脈にかかっていない。エラ膜切りが上手くいかなかったのか、ホース口の位置が悪いのか。改めてここまでの工程を確認しよう。また、魚種によって体の張り方はまちまちなので、慣れないうちは、ある程度のところでやめておくこと。水圧をかけすぎると血管や身が裂けてしまうこともあるので注意。思っているより、水は少なめで血抜きは完了する。

**ワンポイント
アドバイス**

尾の切り口からの水は
出なくてもよい。

究極の血抜きが成功しているかどうかは、魚体の張りともうひとつ、尾の動脈穴から水が出てくるかどうかでも確認できる。水の排出は動脈に水が通っている証拠であると同時に、水が動脈の血も洗い流してくれる。ただ、魚種や個体によっては水が出にくいものもある。無理に水を出そうとしてやりすぎると血管や身の破損を招いてしまう。最も大切なことは、エラ膜の奥の動脈穴に水圧をかけて、皮目、身、骨まわり、内臓、エラに至る毛細血管の隅々に水を送り込むことだ。

津本式基本チャート

〔エラ落とし〕

重要度 ─ ★

構造を理解すれば、どの魚種にも応用可能。接続部のカットで簡単に取り除ける

エラや内臓は長期保存に向かない腐敗要因のひとつなので極力取り除きたい。また、内臓よりも先にエラを取り除くのは、内臓を分離しやすくするための手順と言えるので、順序は守ること。接続されている部分は数箇所なので、そこをカットしていくことで、プラモデルのパーツを取りはずすようにエラが取り除ける。なお究極の血抜きや、ノズル処理によって、エラや内臓の血も抜ける。状態にもよるが、完全に血が抜け、エラが真っ白になることもある（そういったエラを利用した料理もある）。

1 エラ落とし エラブタに指を入れてエラを持ち上げる

エラブタをしっかりと開いてエラをよけ、エラ膜を露出させる。この際、エラブタや顔まわりに鋭いトゲや歯を持つ魚も多いので注意しながら行うこと。

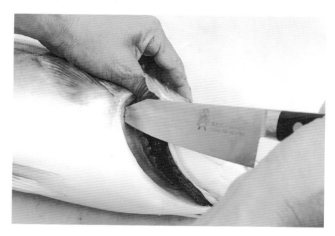

2 エラ落とし 刃先でなぞるようにエラ膜を切る

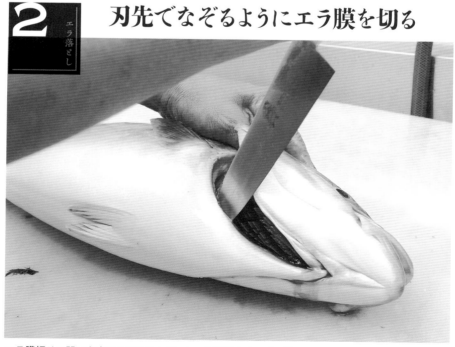

エラ膜切りで開けた穴から刃を入れて、カマの部分のカーブに沿ってなぞるように膜を切っていく。この際に切るのは薄い膜なので、力は全くいらない。そのままノド元までエラ膜を切っていく。

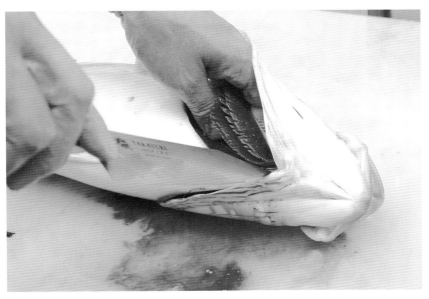

エラの付け根に切れ込みを入れながらノド元を断ち切る

エラ膜を切ってカマと分かれたエラをつかみながら、カマのノド元ギリギリで、エラの付け根を切る。少しだけ力を要する作業。できるだけノド元ギリギリでエラの付け根を切り分けることで、外気に触れる身の切断面を少なくすることができる。

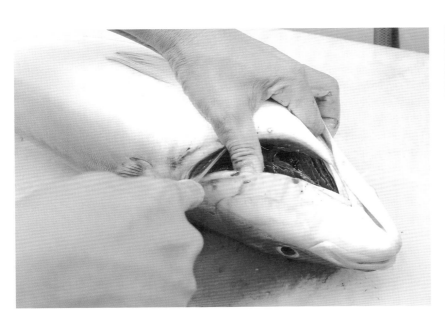

魚を仰向けにして逆側のエラ膜を切る

魚を仰向けにして、ノド元から反対側のエラ膜を切っていく。この時、魚を支えている手を切らないように注意しながら、エラとカマをつなげている表面の膜だけを切っていく。

背側のエラの付け根に切れ込みを入れる

カマのカーブをなぞるように反対側のエラ膜を切ったら、最後にエラの付け根に刃を差し入れて引き、少しだけ切れ込みを入れておく。これを行うことで、最後にエラを外す作業がやりやすくなる。

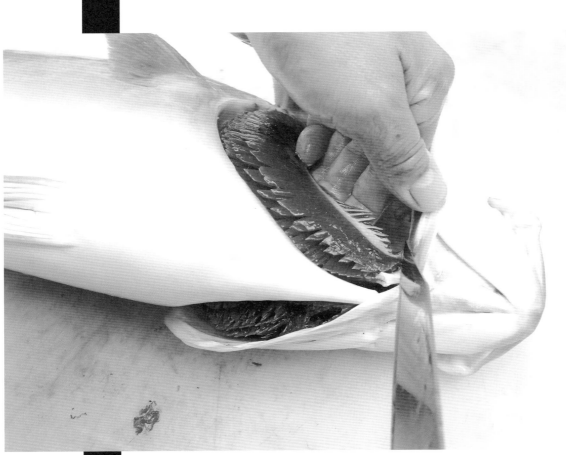

ノド側のエラの付け根を断ち切る

赤いエラが付いている白いギザギザの軟骨質（鰓弓）に指をかけて引き、ノド元の口側についたエラの付け根に刃を入れる。指でしっかりとテンションをかけることで切りやすくなるが、ギザギザの軟骨質は魚種によって鋭く尖っているため、扱いに注意。

エラの付け根を切断しても指はそのままエラにかけておく。このまま次に背側のエラの付け根を切り外す工程に移るが、エラへの指かけの流れを覚えることで、スムーズに行うことができる。

背側のエラの付け根を断ち切る

7
エラ落とし

エラに指をかけて引きながら、背側のエラの付け根に刃を入れていく。エラ取りの作業で最も難しいのがこの部分。コツは刃の入れ方だ。背中に対して垂直に刃を立てて切ろうとしてもエラは外れない。写真のように刃をエラの間に背に沿って水平に差し入れていくと切りやすい。

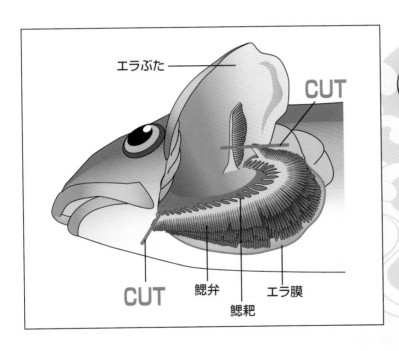

エラぶた
CUT
CUT
鰓弁
鰓耙
エラ膜

ワンポイントアドバイス

エラの構造を理解しておこう

魚のエラは簡単に言うと弓のような軟骨質の鰓弓から、エサをこしとる等の役目を持つ鰓耙（さいは）と水中の酸素を取り込み血液に溶け込ませる赤い鰓弁（さいべん）からなっている。エラ取りで力を要するのはCUTと書かれた背側とノド元でつながっている部分。エラ膜はカマの部分とエラの間にある薄い膜で、これを切るのに力はいらない。

8
エラ落とし

エラを落として完成

工程に沿ってエラの接続部を外していくことで、丸ごときれいに取り外すことができる。

【開腹・内蔵処理・血合い】

（腎臓・メフン処理）

重要度 — ★★

胃液による身傷め、腐敗の最大要因を取り除き熟成を目指すための必須処理

内臓は長期保存において、もっとも障害になる魚の部位。つまり腐りやすい部分と言える。短期保存で、内臓などを食べることを目的にしない場合は極力取り除く必要がある。津本式のチャートで説明した「08開腹→09内臓処理→10血合い（腎臓・メフン）処理」までをここでは解説する。とくにこの基本編に利用しているブリなどの青物系の回遊魚は死んだあと、内臓（特に肛門まわり）から身にアニサキスなどの寄生虫が転移することがあるので、早めに処理しておきたい部位でもある。

08【開腹】

1 開腹　心臓を一突き。内臓を外しやすくする

エラを落とした後の流れで、心臓を包んでいる膜を、刃を背側に向けた包丁で一突きする。刺し込んだ刃を引きながら、背側の膜を切り裂く。その後、人差し指を心臓で刺した膜に突っ込んで、トンボの目を回すような動きで指を回し、内臓をカマ周辺の膜から外しておく。

2 開腹　肛門から刃先を入れて腹を割く

肛門に刃先を差しこみ、そのままノド元に向けて腹を割いていく。割く目安は魚種により異なるが、基本的には腹ビレの付け根ぐらいまで。ノド元まで割いてしまったほうが内臓や血合いを取る作業はしやすいが、空気中に触れる身の部分が増えてしまう。できるだけ空気中に触れる身を少なくすることで腐敗を防ぐのが津本式では重要なため、作業のしづらさを助けてくれる道具を用いる。

09 【 内臓処理 】

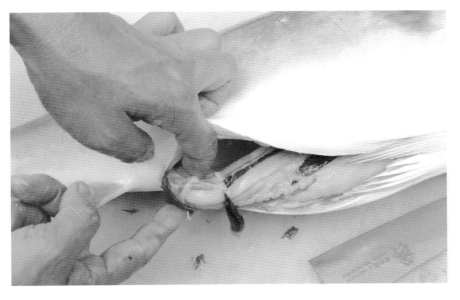

内臓を引き出し、肛門（腸）との接続部を切断

指を腸にかけて引きずり出す。腸は肛門につながっているので、肛門ギリギリで接続部を切る。小さい魚なら手でちぎってしまってもよい。

内臓を引き出す

内臓を引きずり出す。出しづらければホースの水流を開腹部やノド元にあてて、反対側の開け口に押し出しながら出すとよい。魚種によってやりやすい方法は異なるので、**魚種別の工程（→P42〜）** を参考にすること。

10 【 血合い処理 】

血合いに切り込みを入れる。

次に脊柱の腹側についている血合い（腎臓の部位。メフン・背ワタとも言う）を取り除く。まずは血合いを覆っている膜に包丁で切り込みを入れる。小型魚など魚種によっては爪や専用の血合い取りで簡単に取り除くことができるが、特に大型魚の場合、血合いを覆っている膜が厚いこともあるので、その際はまず切れ目を入れた方がきれいに取れる。

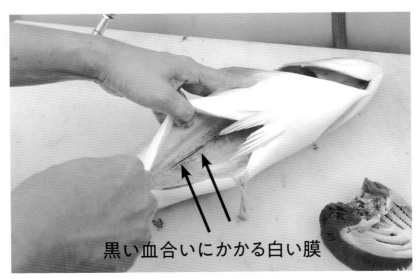

黒い血合いにかかる白い膜

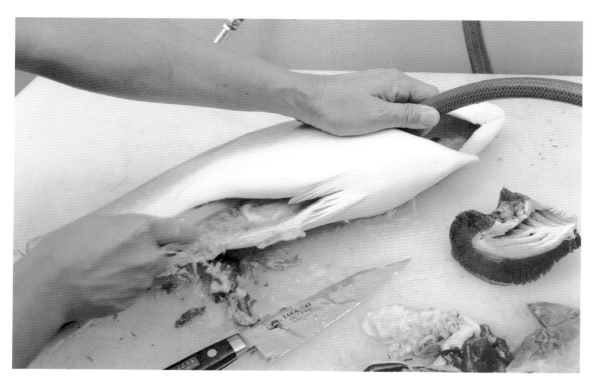

6 血合い処理 こそぎ落としながら水で洗い流す

専用の血合い取りで、血合いを掻き出す。頭側からホースで水を出しながら作業することで、掻き出した血合いをきれいに洗い流すことができる。この際、腹の中に蓄えた脂肪や残った内臓のカスなども洗い流しておく。

ワンポイントアドバイス

専用器具を使って効率的に

ブリなどの大型魚の場合、脊柱の節に入り込んだ血合いが取り除きにくい。そんな時は専用のシャカシャカ棒や竹串を束ねたものを使うと、よりきれいに取り除くことができる。専用器具を用いることで、より完成度の高い津本式の仕立てを行うことができるのだ。

シャカシャカ棒

血合いウロコ取り

※道具についてはP32〜35を参照

7 血合い処理 完成

ホースの水できれいに洗い流して完成。耐圧ホースの口を脊柱にゴリゴリとこすりつけながら洗うのも効果的。真水で洗い流すことで魚の体の中にある雑菌も洗い流すことができるが、あまり長く洗っていると必要以上に脂分や旨味成分を流してしまうことにもなるので、できるだけ手早く作業したい。

津本式基本チャート

〈立て掛け〉

灌流処理で膨らんだ身が締まり、水をしっかりと排出させる重要作業

「究極の血抜き」やノズル処理により、身が風船のようにパンパンに膨らむ。これは身に水が入っているわけでなく毛細血管などに水が行きわたった状態。一連の処理を済ませ、そこから頭側を下にして15〜30分程度、立て掛けることで、魚の身が締まる作用とともに引力で血や水が排出される。夏場などはなるべく冷温下で行いたい作業。ハモやウナギ、タチウオなどの魚は、尻尾にS字フックなどをひっかけて吊るしたりする。地味だが、この作業はとても重要。怠ると血が抜けきらなかったり、保存中に不必要に血や水がドリップして、腐敗や臭みの原因になる。

1 立て掛け

頭を下にして立て掛ける

トロ箱を立て、頭を下にして立て掛ける。ウナギやタチウオなど細長い魚は立て掛けづらいが、その際はトロ箱をやや斜めにしてキッチンペーパーを敷き、その上に貼りつけるように置くことで立て掛けることができる。また針金を曲げて作ったS字フックなどでトロ箱の上部に吊るすのも手だ。魚種別の工程(→P81〜)を参照のこと。

2 立て掛け

15〜30分ほど放置して血を抜き切る

涼しい所で15〜30分ほどそのまま立て掛ける。これにより体中の血管に送り込まれた水を抜くことができる。血管に一度、強制的に水を送り込み、その後、血管の収縮作用や重力によって水をしっかりと抜くことで、血管に溜まっていた血を一緒に排出するのが究極の血抜きの仕組みだが、この立て掛けを怠ると十分に血や水を排出できない。時間を確認して、しっかりと行いたい。

ワンポイントアドバイス

出てくる血の量には個体差がある

魚種や、仕立て始めた時の魚の状態によっても、立て掛けにより出てくる血の量には個体差がある。出てくる血の量ではなく、あくまでも時間を目安に立て掛けよう。

【紙包み・袋詰め（脱気）・冷水保存（寝かせ）】

津本式基本チャート

重要度 —
★★★

長期の保存を目指すなら、
細心の注意を払って
取り組みたい重要な作業

紙包みには2つの役割がある。まず、魚などからドリップした水、残りの血、体液などを吸収する役割だ。ちなみに、魚の身には吸い戻しと言って、浸透圧により排出したものを取り込むことがある。それが身に戻ると臭みや腐敗の原因になるので、それを吸水紙で包むことで緩和してくれる。保存時に折りを見て、吸水紙を交換するのは、吸い戻しや腐敗の原因となる細菌の増殖を抑える効果があるので有効。このあと、津本さんはさらに耐水紙で魚を包む。これは魚そのものの保護、もしくは魚の棘などの露出によって保存時のナイロン袋を傷つけないためだ。そういった部分に注意が払えるならば、吸水紙だけの処理でも問題ない。この後に魚をナイロン袋に魚を入れて、脱気処理を行う。ナイロン袋に入れるのは魚を直接水に当てないため。脱気するのは魚の劣化を抑える効果と、続く作業となる冷水下保存でより効果的に保冷するためだ。冷水に魚を浮かべて保存するのは、極端な温度変化を避けるため、魚の身に不必要なストレスを与えないため、そして、水圧による脱水効果が挙げられる。

12【紙包み】

吸水紙と耐水紙を重ねた上に処理済みの魚を置く

魚に合ったサイズの耐水紙を敷き、その上にリードなどの吸水紙を重ねて血抜き処理を施した魚を置く。尾は切れ目で折りたたんでおく。

魚全体を包む

吸水紙で魚全体を巻くように包む。くるくると巻いてから頭側と尾側の紙を折りたたむ。さらに耐水紙で同様にしっかりと包む。ぐるぐる巻きにする必要はなく、ひと巻きちょっとでOK。

13 【 袋詰め（脱気）】

3 ナイロン袋に入れて脱気する
袋詰め（脱気）

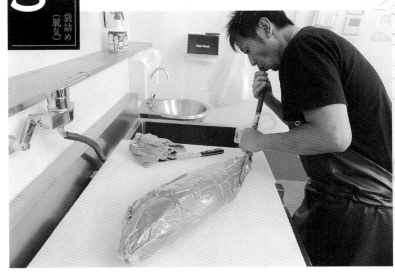

口を塞ぐ時に空気が入らないように注意

ホースを抜く際に空気が袋の中に入らないように注意。ホースを抜いたら瞬時に袋の口を握りながら魚を回し、袋口をねじることで密封する。その後、しっかりと結んでおく。

魚の大きさに合ったナイロン袋（厚さ0.03mm前後）に入れる。袋は薄すぎると破けやすいし、厚すぎると魚への密着度が下がり、なおかつ口を結びづらくなるので注意。袋に魚を入れたらホースなどを袋口に差し込み中の空気を吸い込み脱気する。ナイロン袋が魚体にピッタリと張りつくぐらい空気をしっかり抜いたところで、ホースを抜きながらナイロン袋の口を回して袋をねじり、空気が入り込まないようにする。その後、口をしっかりと結ぶ。

写真のように魚にナイロン袋がこのぐらい密着する状態になるまでしっかりと空気を抜く。ホースで吸うのが難しい場合はハンドクリーナーを用いるのも手だ。

結びはしっかり。あまり厚手のナイロン袋だとしっかりと口を結べず空気や水が入ってしまうので0.03mmを基準に魚に合ったサイズの袋を選びたい。

14 【 冷水保存（寝かせ）】

4 冷水に沈ませて寝かせる
冷水保存（寝かせ）

水温1~5℃（長谷川水産では2℃）に保った氷水に魚を沈み込ませ、封をして寝かせる。魚の全身に均一な水圧をかけることにより、一カ所に余分な負担をかけることなく寝かせることができる。また水圧が血管内に残った水の排出を助けてもくれる。津本さんは写真のように温度管理できる大型冷蔵庫で水に浮かばせ、その上に毛布をかけて寝かせているが、家庭で行う際は発泡スチロールやクーラーボックスに氷水を作り、そこに処理済の魚を沈ませて寝かせてもよい。また、多少の冷やしムラはあるが、小型魚であれば冷蔵庫のチルド室に寝かせてしまってもよい。寝かせの間のメンテナンスについては熟成の基本（→P94~）を参照のこと。

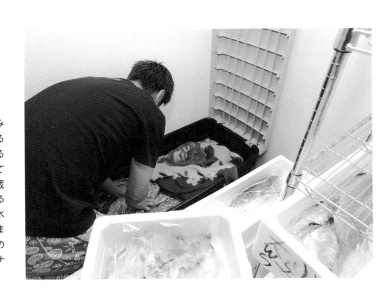

「道具」へのこだわり

津本式・究極の血抜きは、仕立て人・津本光弘が、一から作り上げたオリジナルプロセス。試行錯誤を経て、技術の確立とともに生み出されてきた専用道具の数々を紹介します。

※専用道具は津本さんが運営する津本式.comにて購入可能です。

津本式ノヅル

ウォーターシューターにねじ込み式で取り付ける高圧ノヅル。SUS304ステンレス鋼を用いて錆びにくく、先端部までテーパー加工した一体型のため非常に高い耐久性を持っている。現在は外径の違いにより5種類のサイズがある。扱う魚の神経穴や動脈穴に入るもので、できるだけ大きな外径を持つノヅルを用いることが、うまく水を通すためのコツ。

津本式小物用高圧ノヅル

小型魚に究極の血抜きを行うためのステンレス製高圧ノヅル。ホースに接続したハイパー継手と組み合わせることで、ホース口がエラブタに入らない小型魚でも、エラ膜の奥の動脈に直接あてて究極の血抜きを施すことができる。アジ、イワシ、シロギス、ハゼ、その他あらゆる小型魚を仕立てる必需品だ。

外径	魚の重量	魚種例
φ1.1	100~300g	アジ、イワシ、カサゴなどの小型魚や、ウナギ、アナゴの小型サイズ
φ1.5	400~800g	チダイ、イサキ、小型ハタ、チヌ、サバ等。ウナギやハモなどの長物
φ2.0	1.0~3.0kg	マダイ、イシダイ、フエダイ、中型ハタ等。最も汎用性の高い中間サイズ
φ3.0	2.0~5.0kg	ブリ、カンパチ、カツオ等のやや大きめな魚
φ4.0	5.0kg以上	カンパチ、ブリ、ヒラマサ、クエ、オオニベ、ランカーシーバス等の大型魚

ウォーターシューター

世界初となる水専用のダスター。津本式ノズルを装着してボタンのオンオフで高圧の水を噴射することができる。本体は強化樹脂、バネとボタンは錆びにくいステンレス製。付属するノズルは最も汎用性の高いφ1.8（内径は津本式ノズルφ2.0と同じ）。内径15mmの耐圧ホースに継手を差し込み留め具で固定すればすぐに津本式・究極の血抜きを始めることができる。

留め具はネジ式が締めやすく握り手への干渉も少ないのでおすすめ

内径15mmの耐圧ホースを使用

ホースに差し込む継手。ハイパー継手にジョイントすることもできる

水の噴射をオンオフするボタン

φ1.8ノズルが付属（ノズルなしの販売もあり）

津本式ハイパー継手を間にセットした状態。握りやすさが上がり、小物用高圧ノズルへの付け替えもできる。

津本式ハイパー継手

ウォーターシューターとホースとの間にジョイントさせることで、操作性を向上させることのできる継手。SUS303ステンレス製で錆びにくく耐久性も高い。また、ウォーターシューターの代わりに津本式小物用高圧ノズルや血合いウロコ取りにねじ込み式で付け替えることもでき、用途に応じた素早い対応を可能にする縁の下の力持ち。接続するホースは内径15mmの耐圧ホースを推奨。

（上面）血合い取り
（下面）ウロコ取り

血合いウロコ取り

背骨に沿って突いている魚の血合い（腎臓）を掻き出す部位とウロコを取る部位が両面に備わった津本式オリジナル器具。ハイパー継手を介してホースに取り付けることで先端から水を出すことができるので、ウロコを飛び散らすことなく取ることができる。

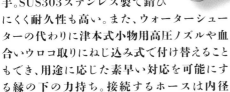

シャカシャカ棒

背骨の隙間に挟まった血合いや内臓のカスをこすり出すブラシ器具。竹串状のしなる棒を束ねた形状で、ハイパー継手と小物用高圧ノズルに接続することで水を出しながらシャカシャカすることも可能。これを用いることで隅々まできれいに血合いを落とすことができる。

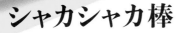

Tiny 血合いウロコ取り

500g～3kgの魚をの血合いを取ることに特化した血合いウロコ取り。ギザギザのウロコ取りはアジなど皮の柔らかい小型魚のウロコも取りやすい設計。また、内臓を掻き出すにも役に立つ。反対側の鷹爪は、血合いを覆っている白い膜を包丁を使わず剥がすことが出来、血合いを根元から掻き出せる。

アサシンナイフ

津本式の魚の締めと仕立てに特化したこだわりのオリジナルナイフ。刃物を切断する機器と同じ素材を採用。どこまでも鋭く強靭な刃を持つ。鋭く尖った刃先と、エンドに掌を乗せて力を入れられる取っ手形状のグリップが、サイズを問わず一発で決められる脳締めを実現。三角定規のようなテーパーのかかった刃先は、エラ取りなど細かな作業がしやすい工夫。刃の背にある波型はウロコ取りにもなり、刃元にはノズル外しも付いている。さらには尾を切り落とさない刃元角度など、柔と剛を兼備した名品だ。津本式の全行程を、ほぼこの1本で効率よく行うことが出来る。

グリップをまな板に付けた状態で、グリップ部の背を叩いて尾の骨を断つと、刃とまな板の間に僅かな隙間が生じる設計。魚の尾を断ち落さないためのこだわり

ノズルを着脱する時に使用するナット締め

頭蓋骨に刺し込み脳を締めるための硬く鋭い刃先

刃の背中はウロコ取りとして使うことができる

X-TREME FISH TAILOR GEAR

仕立てに適したテーパーのかかった刃身。刃は金属を切るための素材を用いており、どこまでも硬く耐久性に富んでいる

あると便利な小物

ナイロン袋

血抜きした魚を脱気して冷温（水）保存するために使用。写真はネットストア「津本式.com」では仕立て屋完全オーダーモデルの230×900mm（厚さ0.03mm）を随時販売。市販のナイロン袋やジップロックでも代用できる。

耐水紙

吸水紙やキッチンペーパーで包んだ魚を、さらに包むための紙。魚を保護すると共に、棘などで密封用のナイロン袋を傷つけないために使用。仕立て屋としてのプロ仕様とも言える。家庭では新聞紙などで代用可能。冷蔵庫などで冷やす際の冷風除けにもなる。

吸水紙

ミートペーパーとしても知られる。ドリップなど魚の水気を吸い取ってくれる紙。業務用リードはもちろん、キッチンペーパーでも代用可能。

津本式包丁

名職人・堺孝行さんと津本式のコラボで生まれた魚の仕立て専用包丁。取り回しがよく感度の優れた刃渡り18cm。重量は159g。だれでも簡単に三枚おろし等、細やかな仕立てを行うことができる。最大の特徴は粘りがあってしなるモリブデン特殊鋼。身に沿わせるようにしならせて使うことで、感度よく繊細な捌きを助けてくれる。背に角度が付いて細くなった刃先はエラなど狭い箇所に刺し入れやすい設計。

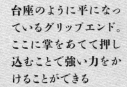

ペティナイフ

堺孝行さんと津本式のコラボ包丁第二弾。刃渡り15cm、重量96.5g。津本式包丁と同じくしなりのあるモリブデン特殊鋼を採用。小型の魚から5kgのカンパチ、カツオほどの魚まで捌くことができる。桐製の鞘付きなのでアウトドアのキャンプ等にも最適。

全体を包み込むように太く握ることも、穴の中に手を差し入れて細く握ることもできる独自形状グリップ。力のいる作業と細やかな作業で使い分ける

台座のように平になっているグリップエンド。ここに掌をあてて押し込むことで強い力をかけることができる

保護カバーが付いている

コラム

工夫する楽しみもある

津本さんは津本式・究極の血抜きをゼロから作り上げ、こだわりの専用道具をたくさん生み出してきました。そして今もなお、その探求は続いています。津本式は確固たる理論に基づかれた仕立て術です。だからこそ仕組みを知って工夫することで、津本式に基づく自分だけのオリジナルなアイデアを楽しむこともできます。たとえば写真のように、スーパーで買ってきたサンマに油さし容器で注水するとか……（効果ありでした！）工夫を凝らして楽しむことで理解がさらに深まります。

さし口をエラ膜の穴に差し込んで容器を押し、ピュッと水を送り込む超簡易版・究極の血抜き

釣り人や漁師にすすめたい
魚の締め方

ゼロスタートができる 釣り人や漁師の強み

究極に美味しい魚を仕立てることに関して、ゼロスタートできるのが、釣り人や漁師の強みと言えます。なぜなら、捕獲したその魚のポテンシャルを最大限に引き出せる最初の処理を、迅速に行うことができる立場にあるからです。魚にはATP（アデノシン三リン酸）と呼ばれる生命力の元となるエネルギーがあり、それが旨味となるイノシン酸に変わると言われています。魚の第一の劣化は、釣り針に掛けてからすぐに始まっているので、釣り上げてすぐにその劣化を抑止する必要があるのです。その手順にも意味がありますので、正しく理解して実践することで、美味しい魚を簡単に手に入れることができます。

津本さんも、実は釣りが大好き！ 特にルアー釣りを嗜む。

津本式を理解すれば
見えてくる現場での処理法

本書でも繰り返しでてくるのがATPという魚の旨味の元となる成分の話。津本さんは、魚の仕立て屋として、取材時にこんな話をしてくれました。

「魚の仕立てに1~10の時系列があるとします。若い数字、つまり1から処理に関われれば、その魚の最も良い状態で仕立てを行うことが出来ると考えてください。僕ら魚屋は残念ながら、だいたい3~4の位置からのスタートになります。活魚はちょっと考え方が変わってきますが、だいたい通常は3~4のスタートとして、津本式の処理を行っていくんですね。その1のスタートから魚の処理に携われる

のが、釣り人や漁師さんだったりするんです」

なので、津本式・究極の血抜きという仕立て方は、釣り人に特に非常に相性がいいのだと津本さんは言います。漁師さんの場合、どうしても魚の数をある程度効率よく捕獲していくことが優先される職業であり、初期処理に時間を費やせないのが現状です。ですが、釣り人は漁師ほどの制約を受けないことから、津本式の実行者として非常に相性がいいのです。

「とはいっても、釣り人にもしっかり釣りをしてほしいとは思います（笑）」

完全主義で美味しい魚を手に入れたいと言う場合は、【脳締め→エラ膜切り→ノズルによる脳締め→ノズルによる血抜き→究極の血抜き~】になりますが、津本式の特徴を考えると、津本さんの現時点の現場での最適解はこうです。

「脳締めをして、エラ膜切りからバケツなどに浸けて『フリフリ血抜き』と呼ばれる血抜き。そこから、魚の身の芯まで冷やして（凍らせるのはNG。目安は5~10度）、低い安定した温度で自宅まで持ち帰ることです。この一連の処理をしっかりやったほうが、いいと思いますよ」

現場でのノズル処理は、決して無意味

ではありませんが、津本式の最大の利点とも言える「心臓が止まった死魚状態でも、血抜きができる」恩恵をしっかり受けたほうが、良いのではないかとアドバイスしてくれています。

いずれにせよ、船上で魚の血を抜く処理は迅速に行うべきで、津本式処理に限らず船上や釣り場を血で汚してしまう可能性があります。血は凝固すると、洗い流しづらい性質を持ちますので、処理の後は必ずバケツの水などで洗い流すことを心がけてください。

「エラ膜を切り、脊柱の下側に通る動脈を包丁やナイフで切った後は、バケツに水を入れてエラを持って左右に振ることで、かなりの量の血が抜けますし、船も汚しません。それだけの処理をしておけば、釣りにおいては十分とも言えますよ。自宅に帰って、じっくり処理をしても間に合います」

あると便利な道具

マナ板やトレー

こちらはあると望ましい。脳締めや、エラ膜切りからの動脈切断を行う際に、作業している船などを汚したり傷つけたりしないための配慮。脳締めもエラ膜切りも、魚を貫通させる必要のある作業ではないが、こういったアイテムがあることで、津本式を知らない船長さんなどにも安心感を与える。

釣り上げ(捕獲)

1 脳締め

釣り上げ後最も優先すべき作業

魚を捕獲(漁・釣り)した後、ATP(アデノシン三リン酸)を高く保持するために、なるべく早く魚の脳死状態にする作業。完璧を意識するならば、この後に神経締めを行う(ノズル処理である必要はない)。

2 神経締め

釣りよりも食を優先したいコダワリ派は処理を!

脳締めは、魚の死。神経締めは、残された運動能力を完全にシャットダウンさせる作業と考えれば良い。痙攣運動や死後硬直によるATPの減少を抑えることができるので、可能であればやっておきたい作業だが、脳締めよりは優先されない(省くことも可能)。神経締めを脳締めよりも先に行うと、大きなストレスを魚に与えてATPを減少させる要因になるので手順には注意したい。

3 エラ膜切り(動脈切断)

自宅作業も楽になるので正確な作業を心がけよう

血抜きのために、エラ膜から背中の動脈を切断する作業。締め具の刃の向きは、背骨側に向けて行うこと。背骨下の大動脈を切断する作業だからだ。エラの下側、心臓と直結している動脈を切断する手法(心臓ポンプ血抜きなど)は行わない。

4 フリフリ血抜き

これによって、かなりの血抜きが可能!

エラ膜切りを行ったあと、水を張ったバケツ(海水でも可能、場合によっては海で直接行っても良いが安全には留意すること)に、魚を入れてエラを持ちながら30〜60秒前後左右に振る。これにより血を抜く。これをやっておくと、鮮度状態も保てるので、しっかり処理をしておこう。

5 身を冷やす

魚の鮮度状態を維持する重要工程

釣り上げた魚は、温度が高い状態にあるので、それを冷却する意味合いもあるが、5〜10度程度の温度を目安に、まず魚を氷水で芯まで冷やす。この処理では、水氷の中に直接魚を突っ込んでも問題ない。

6 保冷する

芯まで冷えていれば、保冷だけで済む

身を冷やした後は、クーラーの水を抜いて氷などを入れて保冷すると良い。保冷の方法は次のページで詳しく解説する。水氷から魚を取り出して袋に入れてそのまま保冷処理でも良いが、水氷だと重量が増えるので効率的ではない。

次ページへ

締め具

脳締めしたり、エラ膜を割き動脈を切るために必用。ナイフや包丁で行うことが多い。

バケツ

フリフリ血抜きと津本さんが呼ぶ、バケツ内での脱血に必要。船や釣り場を洗ったり、血が飛び散らないように処理できるので、ぜひ用意しておきたい。

クーラボックスやトロ箱

フリフリまでの処理で、血抜きした魚をしっかりと冷やし、その後に保冷しておくために必要になる。なるべく温度変化を抑えられる構造のものが望ましい(中蓋付きなど)が、トロ箱などでも代用できる。

身を冷やす

エラ膜切り、動脈切断からフリフリ血抜き（現場での血抜き処理）を終えたら、次にやるべき作業は、魚の身を冷やすことです。ただ表面を冷やすのではなく、魚の芯までしっかり温度を落としてやることが大事。そのために、氷水などを使用すると良いでしょう。この作業は、魚の鮮度保持という最大の理由のほかに、例えばサバやブリなどに寄生するアニサキスなどの寄生虫の活動を抑え、内蔵から身に移動することを抑制する効果もあります。注意点として、冬場などの場合、海水と氷を使って冷やすと、水温が0度以下になり、魚の身が凍り出す場合があります。そうなると旨味の元を失うことになるので注意しましょう。その場合、真水と海水を5:5の割合でクーラーに入れ、そこに氷を入れると良いでしょう。いずれにせよ、そういった作業が難しい場合は、魚が凍らないように水温を調整しつつ作業を進めましょう。釣りが終了し、持ち帰る段階に入ったら重量のある水氷は捨ててしまい、冷たくなった魚を保冷状態にするのが次の工程です。

氷

《 水温は
5〜10度

真水 海水

5 : 5

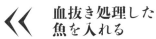

《 血抜き処理した
魚を入れる

POINT

・身を冷やしすぎない
凍結させないこと

津本さんは、市場の魚を選ぶ時に、極力粒の大きい氷の上に置かれた魚を選ばないようにしているという。「この氷のツブツブに圧迫されて、魚の身が痛む。だから、氷に敷き詰められているにせよ、その粒が小さい氷のものや、なるべくそういった場所に置かれていない魚を選ぶかな。あと、氷を直接魚に当てるのはあまり良くないしね。うちは魚出荷するときに、紙に包んで、脱気して袋に詰めた上で、なるべくツブツブが小さい氷を選んでトロ箱に詰めてるんやけどね。魚屋とかで敷き詰められた氷の上に魚が並んでると、ちょっとがっかりするね。台無しやもん」

冷温保存

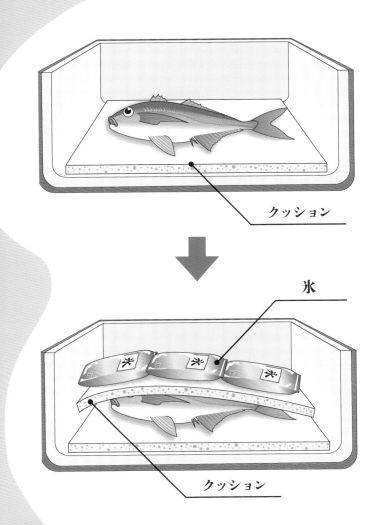

クッション

↓

氷

クッション

魚の芯まで温度を下げることができたら、持ち帰りのために氷水を捨て、次の処理を行います。理想は、魚を取り出して1尾、1尾、袋詰めし脱気処理を行った後（可能ならば紙で包む）、凍らない温度の氷水に入れて持ち帰ることですが、釣り場の場合、氷水は重量がかさむためお勧めできません。ここからの処理は理想論的な部分もありますので、可能な範囲の処理で自宅まで持ち帰りましょう。ポイントは魚に直接氷を当てないこと（局所を冷やしすぎない）と、氷の硬さなどで、魚の身を圧迫したり傷めないことです。これは氷に限らず気を使うべきポイントです。

魚をクーラーの底になどに直接置いてしまうと、その底の硬さも相まって魚を圧迫して肉質を落としてしまいかねません。そこで理想論としては、クッション的な材質のものを敷くことで回避できます。溶けてしまった氷が入った袋などを下に敷き詰めるのも良いでしょう。濡れたタオルや毛布などでもよいでしょう。要点として、柔らかいものであれば大丈夫です。

イラストではスポンジのようなものでサンドイッチしています（柔らかい素材で上に載せる氷の冷気を遮断しないものが望ましい）。その上に氷を載せることで、魚の身に直接氷を当てずに済みます。氷の冷気は上から下に降りていきますので、氷は魚の上側に配置すると良いでしょう。氷水で魚の芯まで冷やしていると、クーラーの中の気温がある程度下がっていれば、魚自体の温度の上昇が防げるので保冷できます。

POINT

・魚を直接、氷に当てない

・氷は冷やす魚の上に置く

・硬い材質のものに魚を直接置いて、身を圧迫させない

りんごやバナナをぶつけると身が痛むのと同様に、魚も強い圧力や衝撃を受けると、身が痛むと考えれば良いでしょう。そうならないように、保冷すれば問題ありません。神経質とも思えますが、こういった気遣いが美味しい魚を自宅まで運ぶためのノウハウと言えます。

イラストでは理想系を提示したが、要点を理解した上でもう少しアバウトでも問題ない。写真はクーラーの下に溶けた氷袋をしきつめ、その上に魚を載せ、ビニールで包んだ氷袋を上から置いている。不必要に冷えすぎず、よい塩梅で保冷される。

津本式・目利きの基本

魚の良し悪しを正確に判断するには、長年の経験が必要です。ここでは津本さんに、市場や鮮魚店で鮮度や脂の乗り具合を見る際の基準となる「目利きの基本」を教えてもらいました。

\ 鮮度をチェック！ /

エラの色と湿度

魚の鮮度はエラを見るとわかります。エラの色がきれいな赤色ならOK。黒ずんでいるようならば鮮度が落ちている可能性があります。また、エラの色が赤くてもカサカサに乾いているようなエラはだめ。しっとりと濡れていて赤いことが鮮度を図る上で重要な目安となります。許可を得て、エラを見せてもらいましょう。また、その際にエラぶたが簡単に力をかけずに開いてしまうものも、よくありません。

市場での競り風景。確かな目利きは、毎日毎日、一年中魚を見ることで備わってくる

\ 脂の乗り具合を チェック！ /

目の大きさ

目が小さく見える魚ほど、脂の乗り具合がよくしっかりした肉質をもっている傾向があります。たとえばキンメダイは目の大きな魚ですが、キンメダイの中にも目が大きく見える魚もいれば比較的小さく見える魚もいます。目が小さく見える魚というのは頭が小さい魚です。頭に対して体が大きい魚とも言えます。そして頭から続く背中が盛り上がって隆起しているものが最高のコンディションと言えるでしょう。そんな魚は全体の印象も丸く感じるもの。特に背中が丸く盛り上がっている魚を見つけることが美味しい魚を探すコツです。

\ 旨味ポテンシャル を チェック！ /

白目と黒目のコントラスト

白目があまりにも白く、黒目とのコントラストがハッキリしている魚は、あまりよい殺され方をしていないと言えます。いわゆる苦悶死とも言える、ちゃんと脳締めをされずに殺された魚がそのような目になることが多いです。そんな魚は旨味の素となるATPの消費も激しかったはず。しっかり脳締めや神経締めを施された魚の目は、白目にも少し色がついて黒目とのコントラストがハッキリとはしていないものです。目が全体に濁ってしまっているのは論外ですが、白目と黒目のコントラストがハッキリしすぎている魚には注意が必要です。

人間本位の「旬」に騙されず、本当に美味しい魚を選びたい

「魚の旬と本当に美味しい時期は違うことが多い」と津本さんは言います。多くの場合、魚の「旬」とは「その魚が漁獲されやすい時期」となります。たとえば「マダイの旬は春」と言われますが、春はマダイが産卵のために沿岸近くに集まってくる季節で、まとめて漁獲しやすい時期です。多く出回ることから「旬」とされていますが、実際は産卵のために身の栄養が卵などに取られてしまっている時期であり、最も痩せていて美味しくない時期なのです。また、ハモは夏の京料理で有名ですが、まだ冷蔵車もなく流通が人力だった時代、生命力が強く傷みづらいハモが夏場に沿岸から京に運べる魚として重宝されたことが理由と言われています。京料理にはハモの卵がつきものであるように産卵期は夏。つまり他の魚同様、身の脂は卵に取られてしまいますから、実際に身を食べて美味しいのは真逆の冬なのです。このように人間の都合で「旬」が決められた例は多々あります。さらに言えば、野生の生き物である魚は、同じ時期でも個体によって状態はさまざまです。『旬だから……』と言う言葉に惑わされずに、目の前の魚が美味しいかどうかを判断できるようになりたいものです。

魚の体には細かい血管が網の目のように巡っています。それら隅々の毛細血管にまで水を通し、血を洗い流したり、サイフォンの原理のような仕組みを用いて限界ぎりぎりまで血を抜くことができる手法こそが、津本式・究極の血抜きです。身肉に行きわたる血管の血液を抜くことで、魚の持ちを向上させるばかりか、血の味や臭い・風味を減らすことにより魚嫌いの人にも食べられる魚が仕立てられることは、これまで紹介してきたとおり。

ところで、血液が巡っているのは身肉だけではありません。エラや内臓、白子や筋子などにも血は混じっているのです。そして津本式・究極の血抜きでは、それらの血も抜くことができるのです。

ここにあげた写真はニジマスの品種、奥日和向サーモンの筋子丼です。筋子はニジマスの腹の中で膜に覆われていますが、その膜にはとても多くの血管が巡っています。究極の血抜きでそれらの血管の血を抜けば、より血の臭いを押さえた筋子にすることができます。

また肝臓やエラには多量の血を含みますが、津本式ではその血も抜くことができます。赤い肝臓やエラは究極の血抜きを施すことでピンクから白っぽく変色していきます。

エラや内臓など、これまで臭みが気になって食べられずに捨てられてきた部位も、究極の血抜きによって大きく見直される可能性を秘めています。ウナギの肝吸いが劇的に変わり、エラやその他の内臓がごちそうになるかもしれません。現在のところ、まだまだ未開拓ですが、可能性は果てしなく広がります。

これらもまた津本式・究極の血抜きが「魚食革命」と呼ばれるゆえんなのです。

ルアーフィッシングで大人気のターゲット

スズキ

スズキ目スズキ科
【英名】Japanese sea bass

汽水域を中心に沖合から河川の中流域に至るまで、生息域が広い。イワシやアユなど小魚を食べるフィッシュイーターで「シーバス」と呼ばれ、ルアーフィッシングの人気対象魚。成長とともに呼び名の変わる出世魚。関東ではセイゴ→フッコ→スズキ。

背ビレに鋭いトゲがある

鋭利な
エラブタに注意！

腹ビレと尻ビレにトゲがある

仕立ての要点 ✏️

・魚を扱う際は危険部位に注意

・ノドにホースを入れて

・水圧で内臓を腹側に押し出す

同じやり方でこんな魚も！ ··· ヒラスズキ　ホシスズキ

短期熟成	◯	中期熟成	◎
長期熟成	△	超・長期熟成	△

それぞれの熟成期間（短期熟成＝捕獲後〜5日程度、中期熟成＝6〜14日前後、長期熟成＝半月〜1カ月、超・長期熟成＝1カ月以上）での適正評価を表す。◎＝とても適している、◯＝適している、△＝普通、×＝向いていない。

〈 脂乗り時期グラフ 〉

1月	2月	3月	4月	5月	6月	7月	8月	9月	10月	11月	12月

宮崎では1月が産卵期。魚の脂乗りがいいのは基本的に産卵期の1〜2カ月前で、栄養をつけている時期だから11〜12月がピーク。産卵から産卵後の1〜2月は痩せており、そこから夏にかけて緩やかに回復するが、脂がグッと乗ってくるのは秋に入ってから。摂食する小魚が秋に向かって成長して大きくなることも関係しているのでは。

※脂乗り時期グラフとその下の解説は、津本さんの地元である宮崎県を基準としています。全国的には気候的なズレや地域特性がありますので、その点をご了承ください。（たとえば東京・豊洲市場よりも宮崎市場は魚の脂乗り時期が1カ月ほど早まります）

1 脳締め

エラブタにある線と側線の延長が交わる所のやや目に寄った部分に脳がある。そこに刃を40度ほど背中側に倒した角度で包丁の先を刺し入れ、脳締めする。刺した後に少しひねること、目の方向に刃を入れることで確実に脳を締めることができる。

2 エラ膜切り

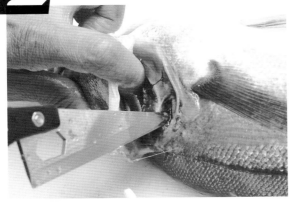

鋭く尖った部分に気をつけてエラブタを開き、エラをよけてエラ膜を露出させる。脊柱に近い部分に包丁を刺し入れ、脊柱をなぞるようにして引き、動脈を切る。

3 尾に切れ込み

背ビレと尻ビレの付け根の後端が一般的な目安となるが、スズキの場合は尾に太さがあるので、もう少し尾ビレに寄った位置で切っても大丈夫。脊柱に刃があたるまで皮と身肉を切ったら、脊柱に刃元をあてて包丁の背を叩いて骨を断つ。後の作業がしやすいように、尾は切り落とさずにつなげておきたい。

神経穴

動脈穴

背

脊柱

腹

4 神経穴ノズル

神経穴に合った径のノズルを差し入れ、水を注入する。上手く水が通れば脳締めで開けた穴から白いひも状の神経が飛び出してくる。活魚の場合、これで完璧な神経締めとなる。死魚でも傷みやすい神経を取り出すことには意味がある。神経が出てこなくても、しっかりと水を入れることができれば神経締めの効果は得られる。

5 動脈穴ノズル

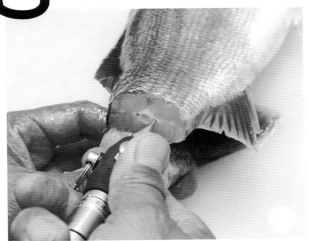

尾近くの身が硬く張ってきたところで注水をやめる。

脊柱の腹側にある動脈穴に径の合ったノズルを垂直に差し入れ、水を注入する。動脈の血を洗うこともできるが、それ以上に大切なことは、尾近くの血管の隅々にまで水を行きわたらせること。

6 究極の血抜き

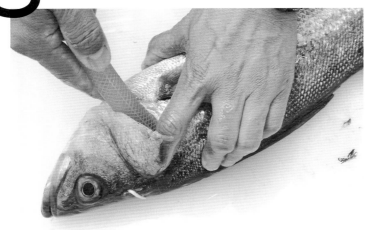

しっかりとホース口をあてたら水圧が尾の方向にかかる角度にホース位置を整えて、手でエラブタを覆うように押さえてから、水を注入する。身がパンパンに硬く張ってきたところで注水をやめる。

鋭く尖った部分に注意しながらエラブタを開けて、エラ膜に開けた穴にホース口をあてる。エラ膜穴の向こうにある脊柱にあてる感覚だ。強く押しあてる必要はない。

7 エラ取り

基本編（→P22〜）で紹介したブリと同様の手順でエラを取る。背中側の接続部を切る際は包丁の角度に注意。背中と水平になるように刃を寝かせるのがコツだ。

ワンポイント
アドバイス

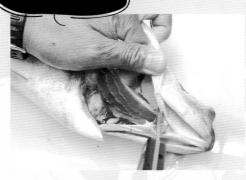

尖っている箇所が多いので
指に刺さらないように注意！

スズキはヒレのトゲやエラブタなど鋭く尖っている部位が多いので、取扱いに注意。特に危険部位の多い顔まわりを押さえるエラ取りの際は要注意。

8 開腹

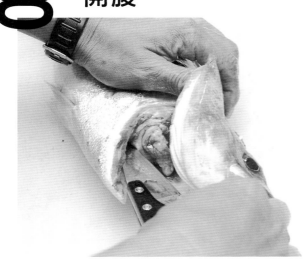

心臓の納まっている膜を包丁の先で一突きして、背中の方に向けた刃で膜を切る。

肛門に刃を刺し、そのまま腹ビレの付け根まで腹を割いていく。

9 内蔵処理

割いた腹から指で内臓を引き出し、肛門（腸）との接続部を肛門ぎりぎりの所で断ち切る。

ノド側からホースで水を流し、内臓を水圧で腹側に押しながら手で引きずり出す。

10 血合い処理

カット

脊柱に沿って刃を走らせて腹腔の膜を切り、血合いを露出させる。

ウロコ血合い取りやシャカシャカ棒などで血合いを落とし、最後に水を出しながらホースの口でゴリゴリと脊柱をこすって細かい血合いや内臓のカスを取り除く。水をふんだんに使って腹の中を洗うこと自体に意味がある。

手に入りやすい大衆魚が津本式で大化け！

マアジ

スズキ目アジ科
【英名】 Japanese jack mackerel

「アジ」とも呼ばれる大衆魚。流通するのは10cmほどから大きくても30cmほどまでだが40〜50cmに育つものもいる。各地には内湾や浅海の磯場に着く「居着き型」と外洋を回遊する「回遊型」がいて、どちらかというと居着き型のほうが脂の乗りはよい。

やややヌメリがあり滑りやすい

尾の付近に硬いギザギザ（ゼンゴ）がある

肛門近くの鋭いトゲに注意！

仕立ての要点 ✏️

- 尾の落とし方にはコツがある
- エラブタにホースが入らなければ
  小物用高圧ノズルを使用する

短期熟成	◎	中期熟成	○
長期熟成	△	超・長期熟成	×

〈 脂乗り時期グラフ 〉

| 1月 | 2月 | 3月 | 4月 | 5月 | 6月 | 7月 | 8月 | 9月 | 10月 | 11月 | 12月 |

産卵期が変則的で一年中、卵を持っている魚がいるため言い切れないが、統計的に宮崎で一番卵の量が少ないのは10〜11月で、脂が乗って美味しいのはこの時期。「秋は青物、秋は赤い魚が美味しい」と昔から言われているように、青物であるアジは秋がいい。

🐟 **同じやり方でこんな魚も！** … アジ類全般　サバ　ソウダガツオ

1 脳締め

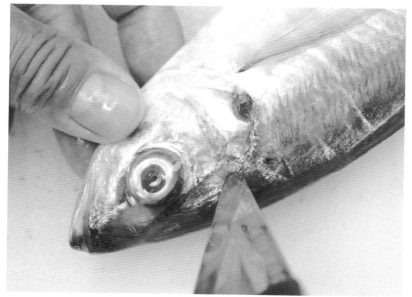

エラブタにある線の延長線上に銀色に光るこめかみがあるので、そこを目安に刃先を入れる。垂直より、脊柱側に40度ほど倒した角度で刺し入れ、その後に刃先をひねることで脳を締める。

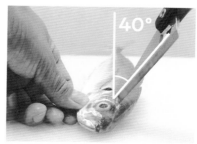

2 エラ膜切り

エラブタを指で開けて、エラの赤い部分をよけてエラ膜を露出させる。エラ膜の背に近い個所に刃先を入れて、脊柱をなぞるように引くことで動脈を断ち切る。

3 尾に切れ込み

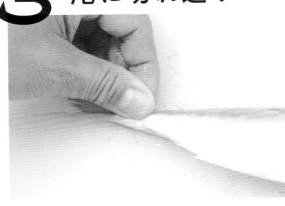

ギザギザしたウロコ（ゼンゴ）があるので切り方にはコツがいる。背中側がまな板に接するように押さえ、包丁のアゴ（最も手に近い尖った部分）を腹側の柔らかい部分に刺し入れ、押しながらゼンゴを切る。脊柱に刃があたったら、刃元をあてて包丁の背を叩き、脊柱を断ち切る。見た目を気にしなければ、尾は断ち落してしまってもよい。

ワンポイント
アドバイス

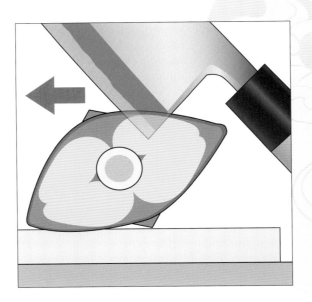

ゼンゴを切るには真横から刃を入れる

アゴを腹側に刺し入れたまま、ゼンゴの横方向から押し切るのがポイント。真上からゴリゴリ切っていくと断面がつぶれてしまうので注意。

4 神経穴ノズル

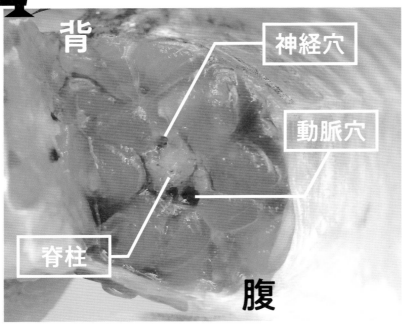

背
神経穴
動脈穴
脊柱
腹

神経穴に径の合ったノズルを挿入して水を注入し、水圧で白いひも状の神経を押し出す。生きていれば神経締めと同じ効果が得られる。元々死んでいるアジなら省いてもよい。ただ、神経も魚が腐る原因になるので可能であれば取り除く。

5 動脈穴ノズル

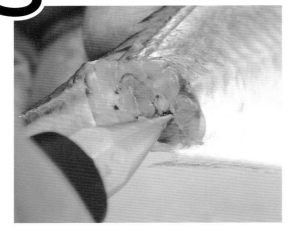

動脈穴に径の合ったノズルを挿入して水を注入。アジの下半身付近の毛細血管に水を入れていく。身が硬く張って腹側の筋肉のスジが浮き上がってきたらやめる。水を入れすぎると身が裂けてしまうこともあるので注意。

ワンポイント
アドバイス

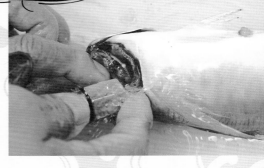

ホースが入らなければ
小物用高圧ノズルを使用

エラブタの隙間にホースが入らない小型の場合は、津本さん開発の小物用高圧ノズルを使用。動脈穴に直接あてて注水する。

6 究極の血抜き

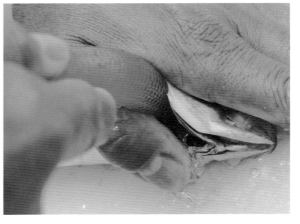

エラブタを広げ、エラをよけてエラ膜を露出させ、ホースをあてる。水圧が動脈の方にかかるようにホースの角度を調整してエラブタ全体を手で覆うように固定して注水する。身がパンパンに張って硬くなったらやめる。やりすぎると身が裂けることもあるので注意。

7 エラ取り

基本編（→P22〜）で紹介したブリとほぼ同様の手順でエラを取る。アジの場合、ノド元は手でも引きちぎれる。

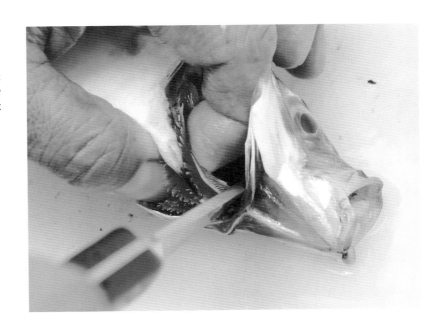

8 開腹

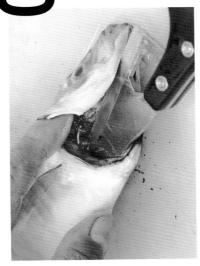 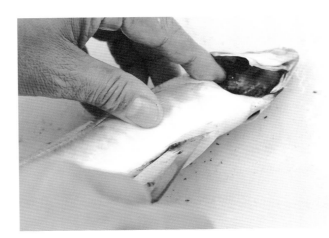

まず左写真のように心臓の周りの膜を包丁の刃先で突いて、そのまま背側に向けた刃で脊柱をなぞるように軽く引き切る。その後、肛門から刃先を入れて、腹ビレの付け根まで腹を割く。

9 内臓処理

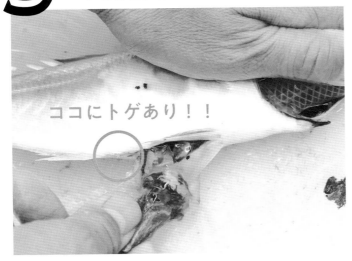

ココにトゲあり！！

ホースをノド側から入れて水を出し、水圧で内臓を押し、割いた腹から取り出す。この際、肛門の後ろに2本付いている鋭いトゲに注意！

10 血合い処理

ホースでノド側から水を流しながら、津本さん開発のシャカシャカ棒や竹串を束ねたもので血合いと残った内臓を取り除く。内臓や血合いのカスが溜まりやすい肛門付近まで念入りに。

小型魚でも津本式は施せる。小物用ノズルがあれば完璧だ！

シロギス

スズキ目キス科
【英名】Japanese whiting

「キス」とも呼ばれる。沿岸域の砂地に広く生息し、投げ釣りの対象魚として人気が高い。天ぷらが人気だが、少し寝かせててから、皮だけあぶった刺身にすると、とても美味しい。時折、身の中に寄生虫がいるので刺身にする時は注意。

体表にやややヌメリがある

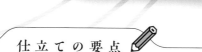

短期熟成	◎	中期熟成	○
長期熟成	△	超・長期熟成	△

〈 脂乗り時期グラフ 〉

1月	2月	3月	4月	5月	6月	7月	8月	9月	10月	11月	12月

宮崎では初夏に砂地で行うカマス漁に混獲される時にしか市場に出回らない。でもちょうどその時期が美味しい時期になっている。ただ、この魚に関しては脂が乗っているピークのようなものはあまり感じない。脂の乗りというよりも上品な身の旨味を感じてほしい。

同じやり方でこんな魚も！ … ハゼ、小型魚

仕立ての要点

・脳締め、神経穴ノズル、動脈穴ノズルの行程は省略

・究極の血抜きには小物用高圧ノズルを用いる

・過度に注水すると血管や身が破裂してしまうので注意

1 脳締め

小型のため省略する。

2 エラ膜切り

エラブタを開けて、エラ膜を露出。先の細い包丁かナイフでエラ膜を突き刺し、脊柱をなぞるように引いて動脈を断ち切る。

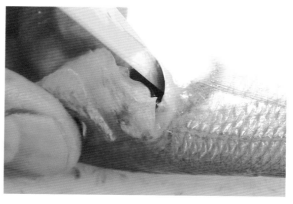

3 尾に切れ込み

楊枝の先端付近がエラ膜。

背ビレの付け根の後端を目安に脊柱まで切り、軽く包丁の背を叩いて脊柱を断つ。見た目を気にしなければ尾は断ち落としてしまってもよい。

4 神経穴ノズル

小型のため省略する。

5 動脈穴ノズル

小型のため省略する。

ワンポイント
アドバイス

6 究極の血抜き

津本さん開発の小物用高圧ノズルの先をエラ膜に開けた穴の先の脊柱にあて、水を血管に送り込む。ある程度、身に張りが出てきたところでやめる。やり過ぎると血管が破けてしまうので注意。

小型魚には小物用 高圧ノズルが必須！

エラブタの隙間にホースが入らないような小型魚には、津本式ハイパー継手を介してホースにセットした小物用高圧ノズルを用いる。シロギスからハゼ、アジ、メバル、カサゴなど万能に使える。

7 エラ取り

小さくても手順は基本編の行程と同じ。先の細い包丁かナイフで、ていねいに行う。最後に心臓膜に一刺しして、背側に刃を向けて膜を切る。

8 開腹

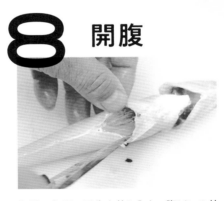

肛門に包丁の刃先を差し入れ、腹ビレの付け根まで腹を割く。

カルキの臭い ニオイ虫を食べた キスに注意！

シロギスの中には、塩素やカルキの臭いを放つものがいる。原因は「ニオイ虫」と呼ばれるギボシムシと言われている。ゴカイのような形の虫でとても臭く、これを食べた魚はニオイが身に移るだけでなく、一緒にクーラーボックスに入れておくと、他の魚まで臭くなってしまう。釣りあげた際にニオイを嗅ぎ、怪しければ混ぜないこと。

9 内臓処理

小物用高圧ノズルを腹に差し込み、水圧で内臓をノド側に押し出してから、指でつまんで取る。

10 血合い処理

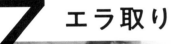

小物用高圧ノズルの先で脊柱に沿ってゴリゴリとこすり、血合いや内臓の残りカスを洗い流す。

国民的人気魚も津本式との愛称はバツグン！

マダイ

スズキ目タイ科
【英名】Red seabream

「魚の王様」とも称される日本を代表する海魚。大型になると1mを超えるが、一般的には1〜2kgのものが最も美味とされる。岩礁帯から砂地まで広く生息し、その場所場所で食べているものも小魚から甲殻類、エビ、イカとさまざま。養殖魚も広く流通。

背ビレに鋭いトゲがある

仕立ての要点 ✏️

・脊柱やエラの付け根が硬くやや力が必要

・内臓を取る時はホースの水圧を利用する

・余分な血合いや脂肪をきれいに取り除くにはウロコ血合い取りが必要

> 同じやり方でこんな魚も！ … クロダイ キビレ チダイ など タイ類全般

短期熟成	◎	中期熟成	△
長期熟成	△	超・長期熟成	×

〈脂乗り時期グラフ〉

1月	2月	3月	4月	5月	6月	7月	8月	9月	10月	11月	12月

「マダイは春が旬」と言われるが、それは産卵期の乗っ込みで漁獲されやすいことが理由。産地によって異なるが、宮崎では2月ごろから産卵を始める魚もいる。本当に美味しいのはその2カ月ほど前。産卵期には個体差があるが、総じて12〜2月の冬が美味しい。宮崎県のマダイで最も美味しいのは県北の養魚場周りにいる天然魚で、これらに関して言えば産卵期を除けば一年中脂が乗って美味しい。

1 脳締め

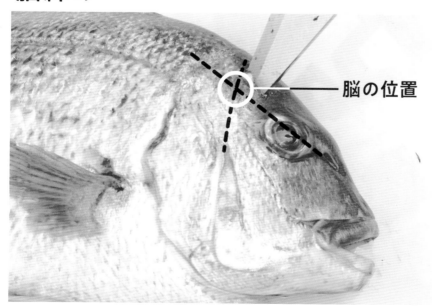

脳の位置

エラブタにある線の延長と、鼻と目を結ぶ線が交わるあたりに脳があるので、そのやや背中側から、刃を斜めに差し入れて脳を刺し、刃先をひねる。

2 エラ膜切り

エラブタを開いてエラをよけ、エラ膜を露出させる。刃を背中側に向けて、エラ膜に刺し入れ、脊柱をなぞるように動脈を切る。

3 尾に切れ込み

背ビレと尻ビレの付け根の後端を結んだ線より気持ち尾側を目安に切る。刃が脊柱にあたったら刃元を脊柱にあてて包丁の背を叩き、脊柱を断つ。反対側の皮はつなげたままにしておくと、後の作業がしやすくなる。

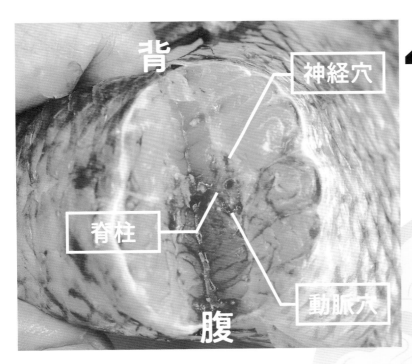

背
神経穴
脊柱
動脈穴
腹

4 神経穴ノズル

神経穴に合った径のノズルを差し入れ水を注入する。上手く水が通ると脳締めで開けた穴から神経が飛び出してくる。

ワンポイント
アドバイス

神経は抜けなくても大丈夫

白いひも状の神経は脊柱の背中側に沿って脳につながっている。尾の神経穴からノズルで水を注入することで神経を抜くことができ、これにより神経締めができる。神経を上手く抜くことができなくても水が通れば神経締め同様の効果が得られる。もともと死んでいる魚を処理する場合、この行程は省いてもよいが、傷みやすい部位を少しでも取り除く意味で、可能であれば行いたい。

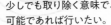

5 動脈穴ノズル

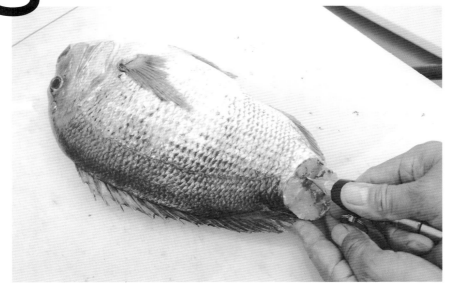

動脈穴に合った径のノズルを差し込み水を注入、動脈と尾付近の毛細血管に水を入れていく。

尾付近を軽く押して、パンパンに硬く張ってきたところでやめる。

6 究極の血抜き

エラブタを開け、エラをよけてエラ膜を露出させ、エラ膜切りで開けた穴から動脈にホース口をあてる。動脈は脊柱に沿って走っているので、動脈を切った付近の脊柱にホース口を斜めにあてるようにする。

尾の方に水圧がかかるようにホースの角度を調整。少しだけ背側にホース口を向けるのもコツ。手でホースとエラブタを押え込むようにして、水を注入する。水は動脈を通って尾の切れ目から血を洗い流すとともに、体全体の血管に送られていく。触ってみてパンパンに硬く張ったところでやめる。

7 エラ取り

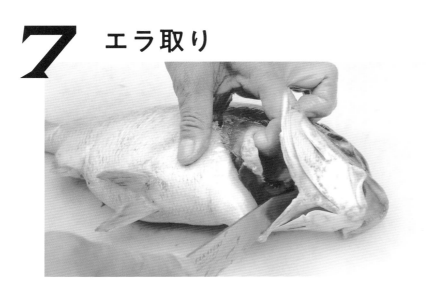

基本編（→P22〜）で紹介したブリと同様の手順でエラを切り落としていく。エラの上下の付け根が硬いので、しっかりとエラに指をかけて張りを持たせてから切りこんでいくのがコツ。

8 開腹

心臓の納まっている膜を包丁で一刺しして、背中側に向けた刃を引いて脊柱に沿う膜を切る。

肛門から腹ビレの付け根まで腹を割く。なるべく割いた部位を少なくするのが津本式。

9 内臓処理

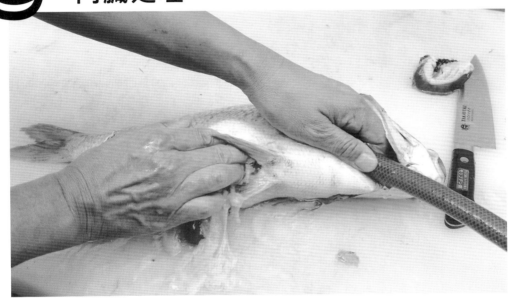

腹を割いた穴はあまり大きくないので、ホースでノド元から水を入れ、水圧で内臓と脂肪を腹側に押し出しながら手で引きずり出す。

10 血合い処理

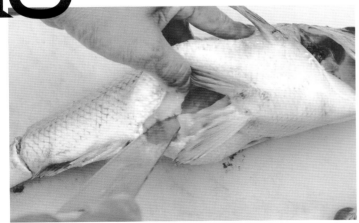

血合いが脂や膜に覆われているので脊柱に沿って切れ目を入れる。

ウロコ血合い取りで脊柱に沿って付いた血合いと余分な脂肪を取り除く。この際、ノドからホースで水を流しながらやると、きれいに洗い流すことができる。最後はホースの口でゴリゴリと脊柱をこすって細かいカスを取り除きながら腹の中を水洗いする。

冬に美味しい磯の人気魚。淡泊な白身は寝かせて化ける

メジナ

スズキ目イスズミ科
【英名】 Largescale blackfish

関西ではグレとも呼ばれる磯魚。市場には主に40〜50cmが流通。より沖合に棲み大型化するクロメジナ（尾長グレ）と合わせ、磯釣りの対象魚として人気が高い。身は透明感のある白身。雑食性で、夏場は食べているものの関係からか磯臭いことが多い。

ヌルヌルした魚体が
滑りやすい

仕立ての要点 ✎

- 脳締めは刃先に角度を付ける
- エラの付け根がやや固いので注意
- 内臓の取り出しはホースを使うと楽

> 同じやり方で
> こんな魚も！ ··· クロメジナ イスズミ

短期熟成	◎	中期熟成	○
長期熟成	△	超・長期熟成	✕

〈 脂乗り時期グラフ 〉

| 1月 | 2月 | 3月 | 4月 | 5月 | 6月 | 7月 | 8月 | 9月 | 10月 | 11月 | 12月 |

「寒グレ」と呼ばれる冬（12月ぐらい）が旬だが、もうひとつ5月ごろの初夏も脂が乗って美味しい時期。産卵期は秋だが、12月ぐらいになっても卵を持っている個体が見られる。同じ時期でも卵を持っていない個体の身には脂が乗って美味しいが、同じく太って見えても卵が詰まっている魚は脂が落ちている。どの魚にも言えることだが、特にメジナは個体による差が大きく、当たり外れがある。

1 脳締め

エラブタに走っている線の延長と目の上部後方を目安とし、包丁の刃を背中側に40度ほど寝かせた状態で刺しこんでひねり、脳を締める。

エラブタに走る線の
延長に脳がある

2 エラ膜切り

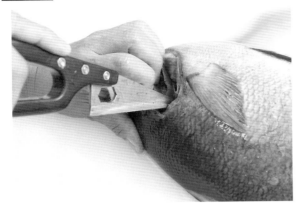

エラブタに手を指し込んで開き、中のエラをめくるとエラ膜が露わになるので、その背中に近い部分に包丁を刺す。脊柱をなぞるように引き切り、脊柱に沿って走っている動脈を断ち切る。

3 尾に切れ込み

背ビレと尻ビレの後端を目安として、包丁で尾の皮と肉を切る。刃が脊柱にあたったら、刃元を脊柱にあてて包丁の背を叩き、脊柱を断ち切る。尾の皮は断ち落さず、反対側でつなげておくと作業しやすい。

神経穴　動脈穴

背　　脊柱　　腹

4 神経穴ノズル

尾を切って露出させた神経穴に、径の合ったノズルを差し込み水を注入して神経を抜く。省いても構わないが、可能ならば傷みやすい神経は取り除いたほうがベター。

5 動脈穴ノズル

動脈穴に、径の合ったノズルを差し込み水を注入する。この時に尾をつなげておくと、つかんで魚を固定しやすいので便利。

水を注入すると、写真のように尾の周辺が膨張してパンパンに張ってくる。硬く張ったところでやめる。

6 究極の血抜き

エラブタを指で開いてホースを押しこみ、エラ膜の先にある動脈穴にあてる。動脈は脊柱に沿っているため、ホースは脊柱に軽くあてる感覚。その後、ホースの水圧が尾のほうにかかるように角度を調整してから魚のエラを覆うようにホースと魚を押さえ、水を入れていく。

写真のように全身の身が硬くパンパンになってきたらやめる。上手く水が送りこめていると切断した尾の動脈穴からも水が洗い流した血が出てくるので、目安になる。手で覆うのはうまく動脈に水圧を与えて、灌流させる水を逃さないため。

7 エラ取り

基本編(→P22〜)で紹介した手順どおりにエラを切り落とす。まずはエラ膜をなぞるように軽く刃を走らせて、最後にノド元を切る。エラ膜を切っている時は力は不要。

反対側のエラ膜もなぞり切ったら、エラの白い部分に指をかけて引き、ノド元についているエラを切断。その流れで頭側につながっている部分も切断してエラを取り出す。

8 開腹処理

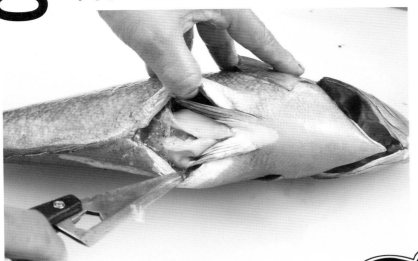

心臓が納まっている膜を包丁で一突きして、背中側を引き切る。その後、肛門に包丁の刃を入れて、そのまま腹ビレの付け根まで腹を割く。できるだけ身肉が空気中に触れるのを防ぐため、腹は割きすぎないこと。

9 内臓処理

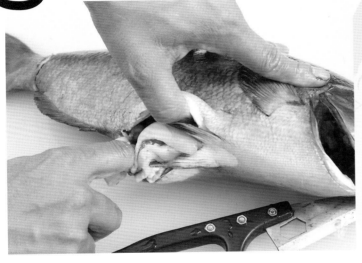

内臓を指でかき出し、腸が肛門と繋がっている部分を切り、その後、腹から内臓を取り除く。

ワンポイント
アドバイス

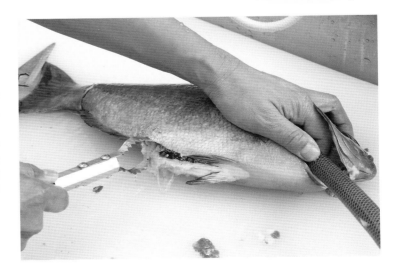

内臓が出にくい場合は水圧で押し出す

メジナは腹を割る長さが短いので、内臓がやや出しづらい。上手く取れないときはノド元からホースで水を入れて、その水圧で内臓を腹側に押し出すとよい。

10 血合い処理

血合い取りで、脊柱に沿ってついた血合いをこすり取る。ノド元からホースを入れて水で洗い流しながら、腹の中をゴリゴリと血合い取りでこすり、内臓や血合いの残りかすをかき出しながら水洗いする。最後に水を出しながらホースで腹の中をゴリゴリとこすって仕上げる。

魚種別──メジナ

旬をはずすと並以下。旬は名に恥じない高級魚

ヒラメ

カレイ目ヒラメ科
【英名】Bastard halibut

全国の砂地に生息し、大型になると1mを超える。「左ヒラメに右カレイ」と言われるように体の左側に目が偏っている。カレイに比べて魚食性が強く歯の鋭い大きな口を持つのも特徴。上品な白身は寝かせると脂がまわり、舌触りよい食感が楽しめる。

鋭い歯に注意！

ヌルヌルした魚体が滑りやすい

肛門の位置がかなり前方

同じやり方でこんな魚も！ … カレイ　シタビラメ

短期熟成	◎	中期熟成	△
長期熟成	×	超・長期熟成	×

〈 脂乗り時期グラフ 〉

1月	2月	3月	4月	5月	6月	7月	8月	9月	10月	11月	12月

仕立ての要点

- エラの白い部分が 荒く尖っているので注意
- 内臓はホースの水圧を利用して ノドから取り出す
- 血合いはウロコ血合い取りを用いて ノドから掻き出す

宮崎では3月が産卵期で4〜5月ぐらいまでは脂が落ちている傾向にある。逆に産卵期の2カ月ほど前である11〜12月ぐらいが脂の乗りがよく美味しい時期。夏場はあまり接岸しないため水揚げ量は少ないが、意外にも脂は乗って美味しい。築地言葉で「ヒラメは3月になると味が落ちる」というのがあるが、宮崎も同じことが言える。

1 脳締め

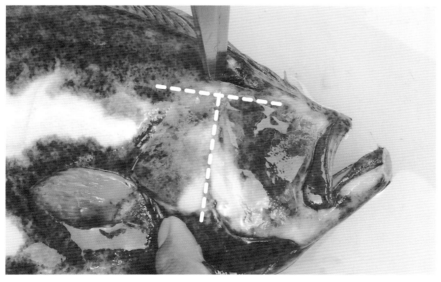

裏側に向けて置く。エラブタにあるTの字の少し上側を目安に、包丁の刃をやや背側に倒して斜めに刺し入れ、ひねって脳を締める。

2 エラ膜切り

エラブタを開いてエラをよけ、エラ膜を露出させる。脊柱に近いエラ膜に包丁の刃を刺し入れ、そのまま脊柱をこするように引き、動脈を断ち切る。

3 尾に切れ込み

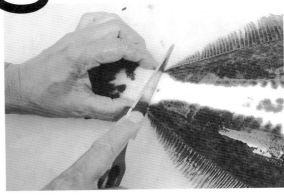

尻ビレと背ビレの付け根を結ぶ線で刃が脊柱にあたるまで皮と身を切る。次に刃元を脊柱にあて、包丁の背を叩いて脊柱を断ち切る。尾は切り落とさず、反対側の皮一枚でつなげておくと後の作業がしやすい。

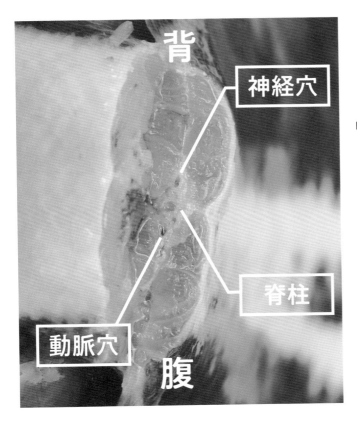

背
神経穴
脊柱
動脈穴
腹

4 神経穴ノズル

尾の切断面から神経穴に、径の合ったノズルを差し込み、水を注入する。水が上手く通れば脳締めの時に開けた穴から白いひも状の神経が飛び出てくる。活魚を締めた場合は神経締めと同様の効果が得られる。神経が飛び出てこなくても効果にさほどの影響はないが、取り除いた方がベター。

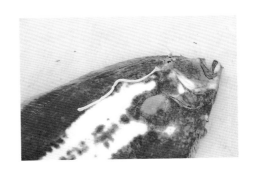

5 動脈穴ノズル

尾の切断面の動脈穴に、径の合ったノズルを差し込み、水を注入する。動脈を通った水がエラ膜切りで切断した動脈から流れ出てくることもあるが、出なくても作業上、さほどの問題はない。それよりも尾周辺の動脈と毛細血管にしっかりと水を送り込むことが大切。

水が送り込まれると筋肉の筋が浮き上がる。膨張して身が硬く張ってきたらやめる。

6 究極の血抜き

エラブタを開けてエラをよけ、エラ膜に開けた穴にホース口を入れ、その奥の動脈の切り口に押しあてる。

尾の方に水圧がかかるような角度にホースの位置を調整して、ホースとエラ全体を覆うように押さえ、水を注入する。動脈の血を尾の切断面から洗い流すと同時に、全身の毛細血管にまで水を送り込む。膨張して身の筋肉が盛り上がり、パンパンに硬く張ったらやめる。

7 エラ取り

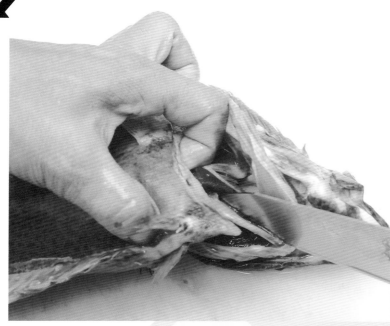

基本編（→P22～）で紹介した手順と基本的には同じ。ヒラメは滑りやすいのでエラなど指を掛けられるところを探しながら行う（歯は鋭いので持たないように）。エラの白い部分（鰓耙）はやや長く鋭いので、指に刺さないように注意する。

❶

❷

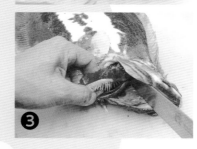
❸

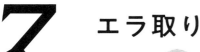

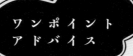
ワンポイント
アドバイス

エラ取りは
手の動きを覚えよう

慣れないと手間取ってしまうばかりか鋭い歯や鰓耙で指を傷つけてしまうこともあるエラ取り。特にヌメリがある魚は、魚の押さえ方にコツが必要。津本さんの一連の手の動きを参考にしよう。

8 開腹

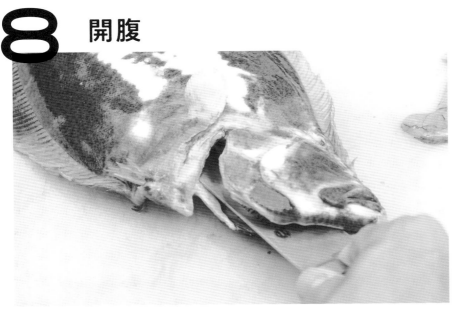

心臓の納まっている膜を包丁で一突きし、背中（写真では右側）に刃をあてながら引いて膜を切る。

9 内臓処理

肛門が頭部にとても近いので開腹はせず、ホースでノドから水を入れて水圧で内臓をノドから押し出し、引きずり出す。

10 血合い処理

ウロコ血合い取りをノドから差し入れて、脊柱の下についている血合いをこそぎ取る。

最後に水を出しながらホースの口でゴリゴリとこすり、血合いと内臓の残りカスを洗い流す。

上下に平たいが基本は変わらず。熟成に適した上品な白身魚

マゴチ

カサゴ目コチ科
【英名】Flathead

ヒラメ同様、砂地に生息するが、より河川に近い環境を好む。50cm前後が多いが、70cmを超えるような大型も時に出回る。大型個体はすべてメスで、かつては性転換する魚と言われたが、近年の研究によりオスは大型化しないためであることがわかった。

仕立ての要点 🖊

・扁平だが基本は変わらず

・エラの付け根がやや固く取りづらい

・脊柱の間の血合いが取りづらい

背ビレに鋭い
トゲがある

体全体に
ヌメリがやや多い

エラブタに
鋭いトゲがある

短期熟成	◎	中期熟成	◎
長期熟成	○	超・長期熟成	△

〈 脂乗り時期グラフ 〉 1月 2月 3月 4月 5月 6月 7月 8月 9月 10月 11月 12月

同じやり方で
こんな魚も！ … 該当魚なし

市場に出回るサイズはほぼメスで、しかもほとんどの個体が一年中卵を持っている。そのためいい時期を見極めるのが難しい魚だが、宮崎では夏場ほど卵の量が多い傾向が見られる。「夏が旬」と言われるが、脂の乗りがいいのは冬場。時期的な傾向も踏まえた上で、その季節その季節で太った個体を探すことが大切。

1 脳締め

真上から垂直に刺した
後にこのぐらいまで
刃を倒す

頭に走る4本の筋が最も寄った所の中央に、垂直に刃先を入れてから倒す。

最も筋が寄ったラインの中央に脳が納まっている。

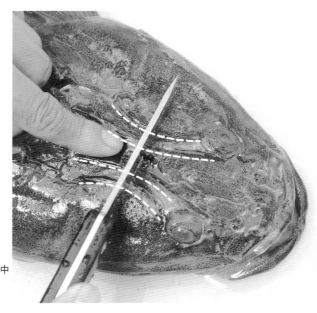

2 エラ膜切り

エラブタと背ビレのトゲに注意しながらマゴチの体をつかみ、横に立てて包丁でエラをよけ、エラ膜に切り込みを入れる。突き刺して脊柱をなぞるように引くことで動脈を断ち切る。

3 尾に切れ込み

腹ビレの後端の付け根を目安に刃をあてて、脊柱にあたるまで切り、包丁の背を叩いて脊柱を断ち切る。

背

神経穴

脊柱

動脈穴

腹

4 神経穴ノズル

脊柱の背中側にある神経穴にノズルを差し込み、水を注入する。神経に水を通すことで、神経締めと同じ効果が得られるが、元々死んでいる魚であれば、省いても構わない。上手く水が通ると脳締めで開けた穴から白いひも状の神経が飛び出してくる。取り除ければベター。

5 動脈穴ノズル

動脈のサイズに合わせた径のノズルを用いて水を注入する。うまく動脈に水が通るとエラ膜切りで切断した動脈から血の混じった水が出てくるが、それ以上に大切なことは尾近くの毛細血管に水をめぐらせること。

毛細血管に水が行きわたると尾付近の身が膨張して硬く張ってくる。やり過ぎないように注意。尾を断ち切らずに皮一枚残すことで、魚を持つ手がかりになる。

6 究極の血抜き

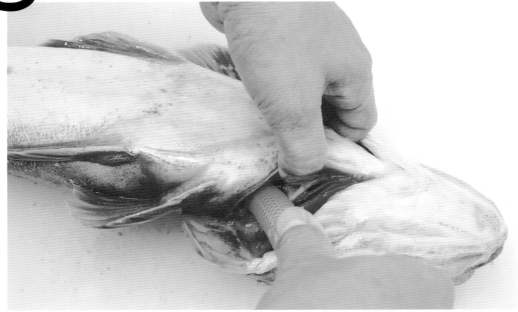

魚を仰向けに寝かせ、エラをよけ、切ったエラ膜の奥にある動脈穴にホースをあてる。脊柱にホース口をあてて尾の方に水圧がかかるような位置にして固定し、水を注入する。

魚を押さえる方の手で、水圧が逃げないようにエラを押さえ、血管に水を送り込む。身が張って硬くなってきたところでやめる。

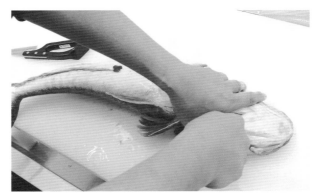

7 エラ取り

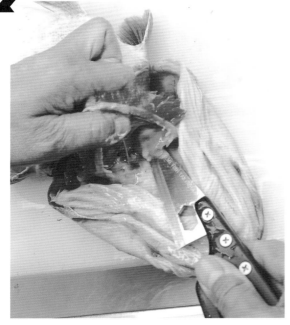

体が縦扁しているが、エラの構造は基本編（→P22〜）で紹介したブリとほぼ同様。背中側についた部分を切り取るのに少々力が必要。刃をしっかりと背と平行に寝かせるのがコツだ。エラを取り除いた後に心臓膜を一刺しして、背に向けた刃を引いて膜を切る。

8 開腹

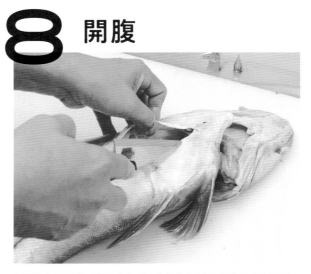

肛門に包丁の刃を刺し入れて、そのままノド元に向けて腹を割いていく。ノド元には傷む身肉がほとんどなく皮ばかりなので、長く割いてしまっても構わない。

9 内臓処理

腹から内臓をまとめて引きずり出す。腹部が大きく開いているので取りやすい。ヒラメやコチなどのフィッシュイーター系は胃液の力が強く、それで身を痛めることがあるので、釣りの現場で可能なら、口からホースなどで水を入れ、胃を洗浄しておくと良い。

10 血合い処理

専用のシャカシャカ棒や、竹串をまとめた器具を用い、背骨の間に残っている血合いをきれいに取り除き、水で洗い流す。水を出しながら作業をするときれいに取り除きやすい。

ワンポイント
アドバイス

マゴチは脊柱がとても太い

マゴチは脊柱がとても太いため、節の隙間に入り込んでいる血合いが取りにくい。シャカシャカ棒などの専用器具を用いて水で洗いながら、ていねいに取り除こう。

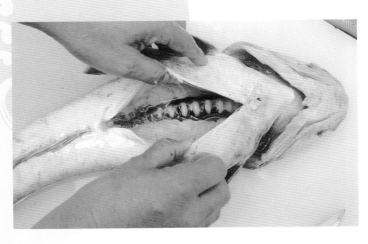

冬に美味しい磯の人気魚。淡泊な白身は寝かせて化ける

ハタ

（写真はチャイロマルハタ）

スズキ目ハタ科
【英名】Grouper

マハタ、アカハタ、キジハタ、オオモンハタ、チャイロマルハタなどの総称。南方系の魚だが、近年の温暖化により生息域を急速に東や北へと広げている。締めたての身は硬く締まり、直後の刺身などは歯ごたえが強い。熟成でガラリと化ける魚だ。

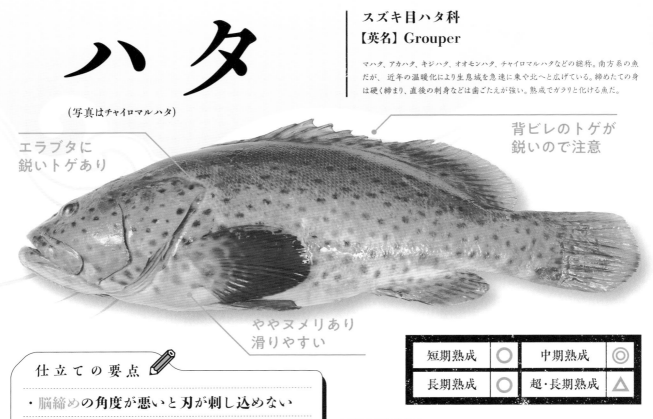

エラブタに
鋭いトゲあり

背ビレのトゲが
鋭いので注意

やややメリあり
滑りやすい

仕立ての要点

・脳締めの角度が悪いと刃が刺し込めない

・脊柱やエラの軟骨が硬く、やや力を要する

・脊柱の間に残る血合いをていねいに取り除く

同じやり方で
こんな魚も！ … ハタ類全般　クエ　ソイ

短期熟成	○	中期熟成	◎
長期熟成	○	超・長期熟成	△

〈 脂乗り時期グラフ 〉

1月	2月	3月	4月	5月	6月	7月	8月	9月	10月	11月	12月

宮崎では夏のほうが美味しい魚。6月から脂の乗りが上昇して7〜8月にピークを迎える。特にオオモンハタは梅雨時期から美味しくなる傾向が見られる。産卵期は秋口で卵を持つ個体が増えるが、ハタに限って言えば、卵を持っても脂の乗りが素晴らしい個体もいる。一年中を通して痩せている個体を選ばなければハズシは少ない。

1 脳締め

エラブタにある線の延長上と目と鼻をつなぐラインの交点に包丁の刃先を刺し込みひねる。これで脳を破壊する。刺し込む角度は垂直より背中側に40度ほど倒し、斜めに刺し込んでいくのがコツ。角度が悪いと硬い頭骨に阻まれて刺し込みづらい。

2 エラ膜切り

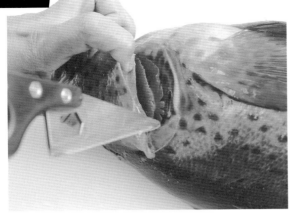

エラブタを開きエラをよけるとエラ膜が露出される。そこから包丁の刃を入れて、中の脊柱をなぞるように引き切ることで、動脈を断ち切る。

3 尾に切れ込み

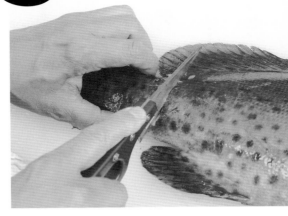

背ビレの付け根の後端を目安に垂直に切り込みを入れる。刃が脊柱にあたったら、刃元を脊柱にあてて包丁の背を叩き、脊柱を断ち切る。ハタは大型になると脊柱が太く硬いので、ある程度の力が必要。尾は切り落とさずに、反対側の皮でつなげておくことで、その後の作業がしやすくなる。

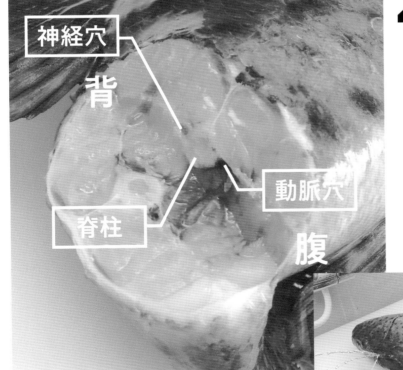

神経穴

背

脊柱

動脈穴

腹

上手く水が通ると白いひも神経が脳締めで開けた穴から飛び出してくる。神経が飛び出さなくても神経締めとしての効果はある。

4 神経穴ノズル

神経穴の径に合ったノズルを穴に対して垂直に差し込み、水を注入する。活魚で始めた場合は、この作業が神経締めとなる。

5 動脈穴ノズル

動脈穴の径に合ったノズルを差し込み、水を注入する。全身の動脈や、下半身の毛細血管に水が行きわたり、下半身に張りが出てくる。ある程度硬くなったところでやめる。

魚の下半身を指で触ってみて、硬く張っていればOK。

6 究極の血抜き

エラブタを開き、エラ膜切りで開けた穴を確認して、ホース口をあてる。しっかりあたっていることを確認してから、尾の方向、動脈に水圧がかかるようにホースの角度を調整して、エラとホースを覆うように魚を押さえ、水を動脈に注入する。動脈の血を水で洗い流すと同時に、体の中の毛細血管に水が行きわたるまで注入を続ける。目安は魚の体がパンパンに張って硬くなるまで。

しっかりあててから尾側に水圧がかかるように角度をつけて、手で魚とホースを押え込む。少しホース口を背側に向けるのもコツ。

7 エラ取り

基本編(→P22〜)で紹介したブリと同様の手順でエラを取る。ハタはエラの上下の付け根部分が硬く、エラの白い部分のトゲ(鰓耙)も比較的鋭いので注意しながら作業しよう。

8 開腹

心臓の納まっている膜を包丁の先で一突きし、その
まま刃を背中側に向けたまま引いて膜を切る。その
後、指でノド元の周囲をなぞって内臓を体から外す。

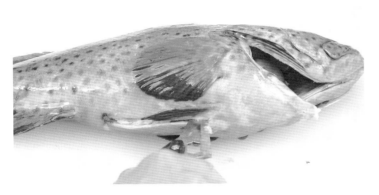

その上で肛門より刃先を
入れて、腹ビレの付け根
まで腹を割いていく。

9 内蔵処理

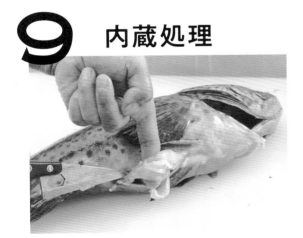
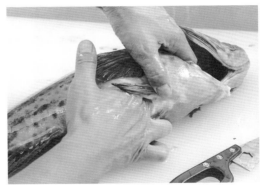

腸を指でかけて体の
中から引き出し、肛
門につながっている
部分で断ち切る。ノ
ド元から内臓を腹側
に押し、割いた腹か
ら内臓を取り出す。

10 血合い処理

ウロコ血合い取りを腹から差し入れ
て、脊柱に沿って付いている血合いを
こそぎ取る。ノド元からホースを入れ
て、洗い流しながら行うときれいに取
り除くことができる。大型の場合、脊
椎の凹凸に血合いが残りやすいので、
シャカシャカ棒などで、ていねいに取
ろう。最後に手短に腹の中を洗う。

刺身で、焼いて、どんな料理でも美味しい人気の磯魚

イサキ

スズキ目イサキ科
【英名】Chicken grunt

北海道を除く日本各地に生息する磯魚。沖釣りの対象魚として人気が高い。「鍛冶屋殺し」とも言われるように骨が非常に硬い。背ビレのトゲも鋭く固いので扱いには注意が必要だ。天然魚では比較的当たり外れが多いため、安定した養殖魚の需要も高い。

背ビレに鋭いトゲがある

腹ビレに鋭いトゲがある

短期熟成	○	中期熟成	◎
長期熟成	△	超・長期熟成	×

〈 脂乗り時期グラフ 〉
`1月` `2月` `3月` `4月` `5月` 6月 7月 8月 9月 10月 11月 12月

宮崎では4〜5月が脂が乗って美味しい時期。豊洲では6月に入ると美味しいと言われるが、宮崎ではその時期、多くの個体が産卵期に入ってしまうため脂はガクンと落ちる。イサキは体力が回復しにくい魚なのかもしれず、産卵後はしばらくの間、痩せた個体が多い。ただ、養魚場の周りの個体は産卵期を外せば一年を通して脂乗りがよくて美味。

仕立ての要点 ✎

・頭の骨が硬いので脳締めは
　斜めに刃を刺し入れる

・内臓を取る時はホースの水圧で
　ノドから押し出す

・血合いを取るには専用の
　ウロコ血合い取りを用いると良い

▶ 同じやり方でこんな魚も! ··· コショウダイ　ウメイロ

1 脳締め

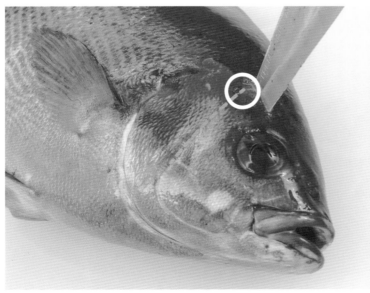

約45°

エラブタにある線の延長にあるこめかみに包丁の刃を斜めから差し入れてひねり脳を締める。

刃を差し入れる角度が大切。背中側に45度ほど寝かせるのがコツだ。

2 エラ膜切り

エラブタを開き、エラをよけてエラ膜を露出。脊柱をなぞる感じに包丁を引き、脊柱に沿う動脈を切る。

3 尾に切れ込み

背ビレの付け根の後端を目安にして切る。刃が脊柱にあたったら、刃元をあてて包丁の背を叩いて脊柱を断つ。反対側の皮はつなげておくことで、その後の作業がしやすくなる。

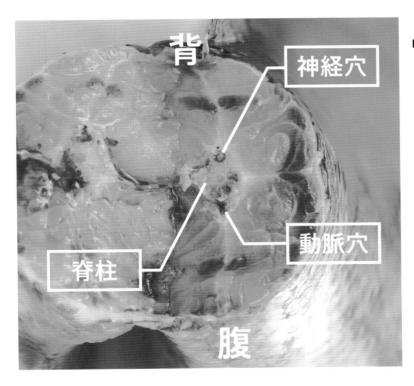

背

神経穴

動脈穴

脊柱

腹

4 神経穴ノズル

神経穴に合った径のノズルを差し込み水を注入して神経を抜く。

脳締めで開けた穴から白いひも状の神経が飛び出てきたら完璧。活魚の場合は、これが神経締めとなる。神経が出てこなくても水さえ通っていれば問題ない。すでに死んでいる魚を処理する場合は、神経締めの効果はないが、傷みやすい神経は、可能であれば抜いておきたい。

5 動脈穴ノズル

動脈穴に合った径のノズルを差し込み水を注入する。水が上手く動脈を通して尾周辺の血管に入っていくと、尾周辺の身がパンパンに張って硬くなってくるので、そうなったらOK。

6 究極の血抜き

エラブタを開けてエラをよけ、穴を開けたエラ膜にホース口を押しあてる。

尾の方に水圧がかかるようにホースの角度を整え、魚のエラの部分を覆うようにホースと一緒に押さえたら水を注入する。動脈を通った水が尾の切断面から出てくれば、動脈が洗えたことになるが、それ以上に大切なのは、動脈から体中の毛細血管にまで水が行き届くこと。

血管に水が行き届き、身がパンパンに張った状態。この状態でも身肉に水が入っているわけではない。

7 エラ取り

基本編（→P22〜）で紹介したブリとほぼ同様の手順でエラを取る。魚を持つ際に、鋭い背ビレと腹ビレのトゲで指や手のひらを刺さないように注意！

8 開腹

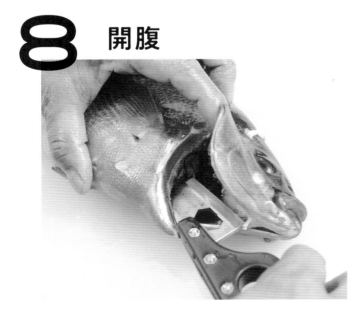

心臓の包まれている膜を包丁で一突きし、そのまま刃を引きながら、背中側の膜を切る。

次に、肛門から刃を入れて、腹ビレの付け根まで腹を割いていく。

9 内蔵処理

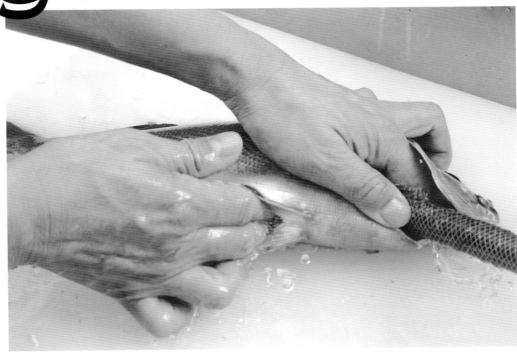

ノドからホースで水を入れて、その水圧で内臓と脂肪を腹の方に押し、開腹部から手で引きずり出す。

10 血合い処理

脊柱をなぞるように包丁を入れ、血合いを覆っている膜を切る。ウロコ血合い取りで脊柱にこびりついている血合いや内臓のカスをこすり取る。この際、ホースでノドから水を流しながらやることで、きれいに洗い流すことができる。最後に腹側からもホースでゴリゴリとこすりながら流すことで、さらにきれいに血合いを落とすことができる。水を使う処理はなるべく短くしたい。

対談

どこまでも魚のことを学びたい。

津本式・究極の血抜きを動画で学び、仕立ても自ら行う本格イタリアンの最上 翔シェフ。
魚を素材からとことん追求する料理人に、津本さんは自らが仕立てた魚を送った。
魚を通したメッセージは、どのように最上さんに受け止められたのか。

幼少期より鮨屋になることが夢だったという最上さんは、大の魚好き。たくさんの魚に触れ、食べるうちに、いつからか新鮮な魚がすべて美味しいわけではないと思うようになったという。そんな折、YouTubeで公開されていた津本式の動画を観た最上さんは、大きな衝撃を受けたという――。

最上　初めて津本さんの動画を観たときから「究極の血抜き」にはとても興味を持ちまして、今では自分の釣った魚を仕立てる際は、ホースでの血抜きをやっているんです。ですから今回、津本さんの仕立てた魚が食べられると聞いて楽しみで楽しみで……。ところで、普段は養殖魚ばかり使っているわけじゃないですよね？

津本　もちろん違いますよ。

最上　お送りいただいたイシガキダイとイサキとシマアジは養殖ですよね？

津本　そう、全部養殖です。

最上　かなり熟成してましたよね。

津本　あれで一週間ぐらいですね。

最上　関東で見るイシガキダイとは違って見えました。九州だから違うのか、もしくは養殖なのかなと思ったんです。イサキは間違いなく中国系の稚魚を育てた養殖だろうと思ったのですが……。

津本　鹿児島から来た養殖魚やからそうですね。何も言ってないのにわかってしまうのはすごいね。

最上　明らかに黄色かったんで。

津本　みんなわからないんですよ。送る時に「鹿児島産です」しか言わんから。食べてもらったあとに「養殖だよ」と言っても誰も信じひんのですけどね。

最上　でも養殖の香りはまったくなかったです。上手く熟成されて脂がきちんと回っていたので。それでいて脂くどくもない。ただ、姿から天然魚ではないと思ったんです。

津本　すごい。今までそんな人おらんかった。料理人さんは自分でさばかないから、魚の見た目じゃわからないものですよ。

最上　僕の場合、はじめから見ないと気が済まなくて。ところで、このイサキがすごく香りが強かったんですよ。

津本　そうそう。

最上　ものすごいインパクトでした。でも次の日になると、もう全然違う。

津本　結局、あのニオイは洗えば取れますからね。それを腐っていると思う人がおるんです。だから長期保存する場合は3〜4日置きに一回は洗うんです。でも今回はなんもせんと送りました。「なんて言うやろ？」

と思って（笑）。

最上　最初に開いたのがイシガキダイで、すごい香りが強いと思って食べて「うわっすごいパンチ力だ！」と。その後にシマアジを食べたらもっと強くて。最後にイサキを食べてみたら、さらに強かったんです（笑）。

津本　はっはっは。

最上　津本式のフェイスブックグループにも入っていて拝見してますが、皆さん結構、お刺身で食べてますよね。でも僕は焼きのほうがさらに美味しいと感じました。

津本　さすがやね！　実は焼きのほうが美味しくなるんですよ。ただね、僕は自分が仕立てた状態は熟成ではなく「寝かせ」だと言ってるんですよ。つまり、その魚を美味しくするのは料理人さんで、料理人さんが最高のところまで持っていくのが「熟成」やと思ってるんです。でも勘違いしてる人もいて。僕が仕立てた魚がすでに熟成やと思ってる。あと、寝かせらいいと思ってる人も多い。「20日も寝かせたぞ」とか……。そうではなく大切なのは旨味のピークなんですよね。

最上　魚によってピークはぜんぜん違いますからね。

津本　そう、一匹一匹違う。そこをわかるかわからないかって話やから……。でも最

上さんはわかってはる。すごいですね。

最上 いやいや。でも僕、360日魚を食べてるんです。自宅でもトレーに寝かせて熟成何日目が一番美味しいか調べてます。どれだけお酒飲んで酔っぱらって帰っても、寝る前と目が覚めてすぐは、必ず魚のペーパーを替えるんです。水分を抜くことを大切にしているので、毎日替えては、状態を見ているんです。

津本 さっき言うてたイサキなんかも、水を抜いたわけじゃないからね。僕の魚は。だから熟成と言うなら、それをしないとだめなんです。例えば、少しでも塩をあてて水分を抜いたら本当に美味しくなりますから。だから熟成は単なる期間じゃないんです。とにかく「刺身で何日間食べられたらすごい」みたいなんは違うかな。でも正直、料理人さんと話していても、ちょっとズレていると感じることは多いですよ。

最上 料理人は、例えば「市場でキロ5千円の魚を買いました」と言ったら、それを美味しいと信じ込みますよね。

津本 そう。評価の基準が「高価な魚」なんです。「高級魚」じゃなくてね。でもどんな下魚でも、クオリティーの高い魚はおるんですよ。

最上 そうですよね。

津本 そいつらはキロ300〜400円でも、ものすごく美味しくなる。そんな魚こそ僕は高級魚やって言ってるんやけどね。

最上 その通りです。でも料理人の気持ちもわかるんです。僕らも単価の高い仕事をするとき……たとえば1万5千円のコースを用意するとなったら、値段がいい魚を使えば、不安はぬぐえるわけじゃないですか。ただ……魚は値段じゃないですよね。

津本 たぶん、今後はそれがわかってくる人が増えてくると思うんやけど。

最上 津本さんがやっているのはそこですもんね。本当に革命的なことですからね。

皮がカリカリに……

最上 今回、津本さんの魚を自宅に持って帰ったんです。翌日の状態を知りたかったこともありますし、レストランで作るものと家で作るものでは違ってきますので。そこでめちゃくちゃ驚きました。家のグリルで焼いただけだったんですけど、イサキが自分の体から出る脂で皮が素揚げしたみたいにカリッカリになるんですね。「あ、こんなに違うんだ」と思いました。持っている脂が寝かせている間に外に出てないからでしょう。おそらく真空にして寝かせているからで、僕みたいにペーパーを毎日替えていくと、少なからず水分と一緒に脂も取ってしまいますから、自分が仕立てた魚でああなったことはないんです。それで「これはマジですごい！」って（笑）。

津本 しかしこれだけ自分でやって探究していくって……こんな料理人さんと会ったことがない。

最上 ただの魚オタクです。

津本 釣りしてオタクで料理人って、誰もかなわへんやん（笑）。

料理人の手による
イサキをいただく

最上 火を入れた津本さんのイサキを今回はフリットにしてみました。蒸し焼きにしたイサキを秋茄子で挟み、中にカラスミを入れてます。アクセントにチェンライレッドを添えています。湯布院の料亭で作られている国産の粒マスタードをつけて食べてみてください。トロッとした質感が似ているイサキと茄子を合わせて、イサキの脂を茄子に吸わせています。マスタードはかなりパンチが効いているかと思いますが、津本さんの仕立てたイサキにパンチがありましたので。

津本 いやーこうやって食べたかった。火を入れたら美味しいって本当にわかるよね。僕ほんまは焼いた魚が好きなんです。

最上 僕もなんです。焼いた魚のほうが、それぞれの魚の香りが出ると思うんです。

津本 ごまかしが利かんようになるよね。美味しい。こんな食べ方があるなんて……。

最上 これはレストランでの食べ方ですけど、家庭でも本当に美味しい食べ方がいくらでもありますから。津本さんの魚は焼いてこそ活きると思います。

津本 そうやって言われるとうれしいです。僕も焼いたほうが絶対に美味しいと思うもん。でもこうやって魚を追求している人に会えると本当にうれしい。

最上 実はもっと魚をメインにしたレストランもやってみたいと思っているんです。

津本 やるべきやと思います。魚を知ってる人ほど、せなあかんと思う。旨味をどこにもっていくとか、この魚はこの調理をすれば美味しくなるとかをわかっている人がやらないと。美味しくないと言われてる魚を美味しくできる人ってなかなかおらんから。こういう人が魚の店を出すべきやと思う。なにより魚を触ってるよね。僕も毎日触ってるけど、最上さんは普通に魚屋さんのレベルを超えてるもんね。

最上 仕事で魚を仕立てている人に、僕らは仕立てででは勝てません。でも魚を美味しくすることは僕らの仕事なので。ポテンシャルの高い魚を仕立ててくださる方がいるのは本当にうれしいし、料理人として面白いんです。

津本 協力しますよ！

最上 ぜひ、こちらこそ。

津本 お付き合いしたいのは、なにより勉強になるから。僕は正直なところ、ひたすら魚の勉強がしたいんですよ。

最上 同じです。魚を学びたいんですよね。

都立大学・初台の本格イタリアン「D'ORO（ドーロ）」を経営。自らもエグゼクティブシェフとして腕を振るう。幼少時より魚料理への思いが強く、素材からすべてを知りたい一心で釣りにのめり込む。自身が釣り上げた魚を含め自らも仕立てから追求し、熟成魚の手入れが朝晩の日課というこだわりを持つ。

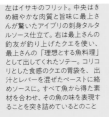

左はイサキのフリット。中央はきめ細やかな肉質と旨味に最上さんが驚いたアイブリの刺身タルタルソース仕立て。右は最上さんの釣友が釣り上げたクエを使い、最上さんの「理想とする魚料理」として出してくれたソテー。コリコリとした食感のクエの胃袋を、出汁とレバーを混ぜたペーストに絡めソースに。すべて魚から得た素材を合わせ、その魚の味を表現することを突き詰めているとのこと

京料理で有名。だが旨味の旬は冬！

ハモ

ウナギ目ハモ科
【英名】Conger pike

浴岸部に生息する歯の鋭い肉食魚。京料理に欠かせない食材として有名。夏でも傷みづらく丹後から京へ運搬しやすかったことが、夏場の京料理に使われるようになった理由との説がある。「食む」が名の由来とも言われるように、咬みついてくるので活魚は扱いに注意。

体表にヌメリがある

歯が鋭くて危険

仕立ての要点 ✎

- 脳締めはせずに頭を落とす
- 究極の血抜きのホースは少し上向きに
- ヌメリは金だわしを使って落とす

同じやり方で
こんな魚も！ … 該当魚なし

寝かせ			
短期熟成	◎	中期熟成	○
長期熟成	△	超・長期熟成	×

〈脂乗り時期グラフ〉

1月	2月	3月	4月	5月	6月	7月	8月	9月	10月	11月	12月

いわゆるハモの旬とされる真夏とは真逆で、最も脂の乗りがいいのは1月。産卵期は6月。「ハモは雨水を飲んで美味くなる」という言い伝えがあるように梅雨時期から夏場がいいとされるが、それは卵も用いて冷風に楽しむ京都のハモ料理の場合。鍋などで身の肉が最高に美味しいのは、脂の乗った冬場のハモだ。

1 脳締め

脳締めの代わりに頭を切る。頭を触ると少しくぼんだ頭骨の後端がわかるので、そこに刃をあてて切る。作業しやすいように腹の皮はつなげておく。

2 エラ膜切り

この行程は行わない。

3 尾に切れ込み

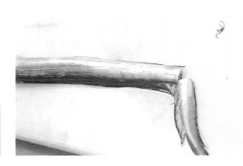

頭と同じぐらいの長さ分の所で尾を切る。一部をつなげたまま、刃元をあてて包丁の背を叩く。

4 神経穴ノズル

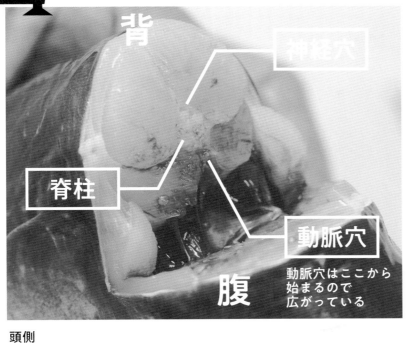

背

神経穴

脊柱

動脈穴

腹

動脈穴はここから
始まるので
広がっている

頭側

頭側の神経穴に、径の合ったノズルを
差し込み水を注入する。ハモやアナゴ
などの長物は、できるだけ太い径のノ
ズルを使って強い水圧をかける必要が
あるので、より神経穴の大きな頭側か
ら入れる。上手く水が通れば尾の切断
面から白いひも状の神経が水に押され
て出てくる。ただ、神経が出てこなくて
も大きな影響はない。

5 動脈穴ノズル

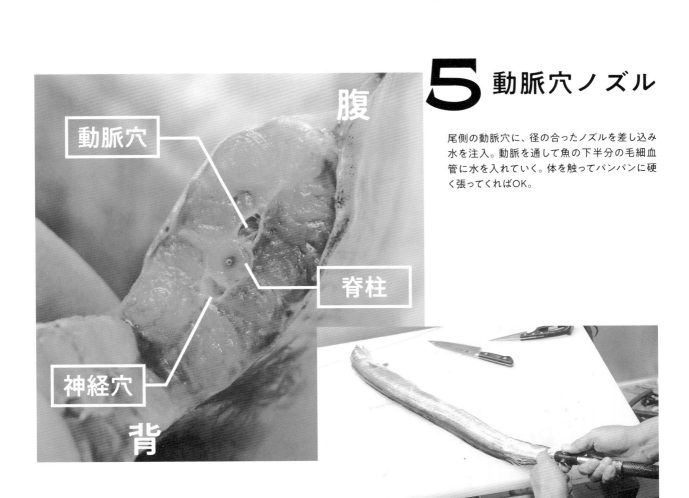

腹

動脈穴

脊柱

神経穴

背

尾側の動脈穴に、径の合ったノズルを差し込み
水を注入。動脈を通して魚の下半分の毛細血
管に水を入れていく。体を触ってパンパンに硬
く張ってくればOK。

6　究極の血抜き

頭のほうの動脈穴の始まりにホース口をあてて水を注入する。この際、ホースの角度に注目を。少しだけホースの口を上向きにすることで水が入りやすくなる。筋肉が浮き上がり、体が硬く張ってくるまで水を入れていく。

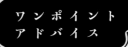

ワンポイントアドバイス

同時にヌメリも落としていく

片手でホースと魚を押さえながら、もう片方の手で魚の体を頭から尾に向けてしごき、水が通りやすくする。この時に金だわしを使うことでヌメリも同時に取ることができる。全身を金だわしでしごいた後に、最後は包丁の刃でしごくと完全にヌメリが取れて、すべすべの触り心地に！

7/8　エラ取りと開腹

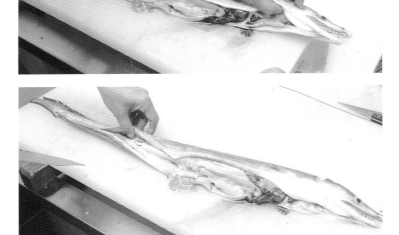

肛門から包丁の刃を入れて、ノド元まで一気に腹を割く。

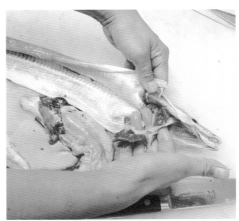

ハモは肛門からさらに尾側にも内臓が入っているので、尾に向かっても割いていく。

内臓を外し、エラを手でむしり取る。

内臓処理と血合い処理

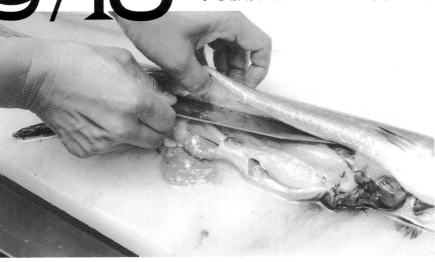

包丁の刃で身をこすって残った内臓と血合いを一緒に取り除いていく。

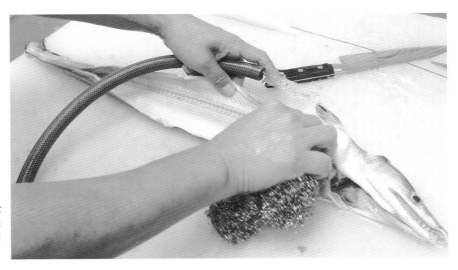

さらに水を流しながら金だわしでこすり、残った内臓と血合いのカスをきれいに取り除く。

金だわしを使えばここまできれいに落とすことができる。

11 立て掛け

頭を下にしてトロ箱に立て掛ける。長物の場合、トロ箱をやや斜めにして、キッチンペーパーを敷き、その上に魚を貼りつけるように置くと固定することができる。

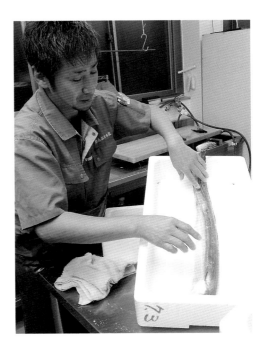

鋭い牙を持つ見た目とは裏腹に、淡泊な白身はとても美味！

タチウオ

スズキ目タチウオ科
【英名】Largehead heirtail

名の通り太刀のような銀色の魚体と鋭い刃が特徴。外見のいかつさとは裏腹に、淡泊でふっくらとした白身はとても美味。宮崎では、より南方に生息し、1mをはるかに超える大型のテンジクタチ（キビレタチ）も市場に出回り、人気が高い。

エラの白い部分に鋭いトゲ（鰓耙）があり危険！

歯がナイフのように鋭くて危険！

仕立ての要点 ✎

- 生きた状態での脳締めは非常に危険
- 尾の動脈穴は細いのでノズル処理を省くこともある
- 究極の血抜きはほどほどに

短期熟成	◎	中期熟成	○
長期熟成	△	超・長期熟成	✕

〈 脂乗り時期グラフ 〉

1月	2月	3月	4月	5月	6月	7月	8月	9月	10月	11月	12月

美味しいのは春。ピークは3月ごろ。特に春に宮崎の市場に出回る長崎産のタチウオは脂が乗りきっていて美味しい。宮崎で獲れるタチウオでは、シロダチ（いわゆる普通のタチウオ）よりキビレタチのほうが美味とされ脂の乗りもよい。旬はやはり3月ごろの春となる。

▶ 同じやり方でこんな魚も！ … 該当魚なし

1 脳締め

エラブタにある線の延長上にある「こめかみ」に刃先を入れてひねる。垂直から30度ほど背中側に倒して刺すとスッと入っていく。鋭い歯を持つため、生きた状態で脳締めをするのは非常に危険。一度氷水で締めて殺してから作業したほうがよい。その際、脳締めは省いてもよい。

2 エラ膜切り

エラブタを開いてエラを押し上げエラ膜を露出させる。この際、エラの白い部分に鋭いトゲ（鰓耙）があるので扱いに注意。刃を背側に向けて刺し、そのまま脊柱をなぞるように引いて動脈を断ち切る。

3 尾に切れ込み

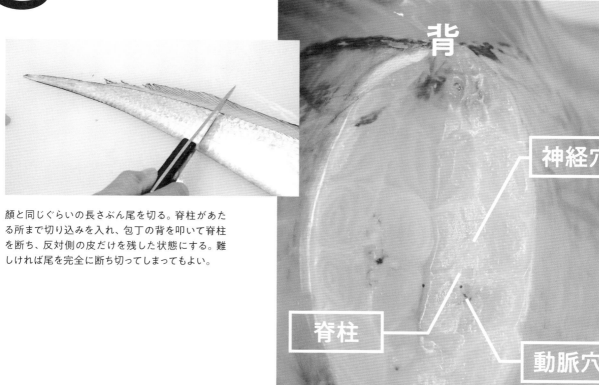

顔と同じぐらいの長さぶん尾を切る。脊柱があた
る所まで切り込みを入れ、包丁の背を叩いて脊柱
を断ち、反対側の皮だけを残した状態にする。難
しければ尾を完全に断ち切ってしまってもよい。

背

神経穴

脊柱

動脈穴

腹

4 神経穴ノズル

神経穴、動脈穴ともにとても小さい。
特に神経穴は小さくノズルで水を入れ
ても神経は抜けないので行わない。

5 動脈穴ノズル

動脈穴にノズルを差し込み
水を注入する。非常に穴が
小さく、1kgあるタチウオで
もノズル径は最小サイズの
1.1mmを使用。動脈からノ
ズルが外れた状態で水を
入れると身肉の間に水が
回ってしまうので注意。尻
尾の周辺に張りが出てくれ
ばOK。やり過ぎると血管
が破れてしまうので、ほど
ほどにしたい。また、尾の
動脈穴から送り込んだ水が
エラ膜穴から出てくること
はほとんどない。

6 究極の血抜き

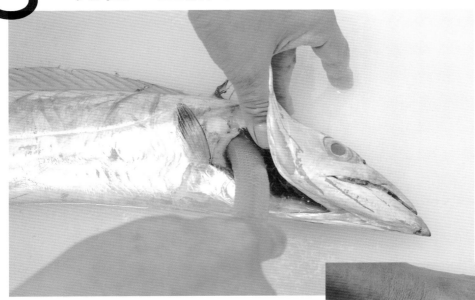

エラブタを開いてホースが入るようならばホースを用いる。エラをよけて、エラ膜に開けた動脈穴を露出させ、その奥にある脊柱にホース口をあてる。エラブタにホースが入らないようならば、津本さん開発の小物用高圧ノズルを用いる。

尾の方向に水圧がかかるようにホースの角度を倒し、もうひとつの手で覆うように固定する。蛇口をひねって水を送り込む。身に適度な張りがでてきたところで終了。やり過ぎると血管や身が破けることがあるので注意。

7 エラ取り

やり方は基本編（→P22〜）と同じ。そこまで力を必要とせずに切り取ることができるが、エラの白い部分（鰓耙）に鋭いトゲがあるので扱いに注意。エラに指をかけると刺さってしまうのでノド側をつまむように持つ。

ワンポイント
アドバイス

鋭いトゲは頭に近い方に多い！
同時に鋭い歯にも注意を

非常に鋭く細いトゲがびっしりと並ぶ。頭に近い方のトゲが長くて鋭い。鋭い歯にも注意。タチウオの歯は触れるだけで切れてしまうナイフのようなもの。どうしてもエラが取りづらかったら頭ごと落としてしまうのも手だ。

8 開腹

肛門から刃先を入れ、そのままノドに向かって、腹ビレのあたりぐらいまで腹を割く。

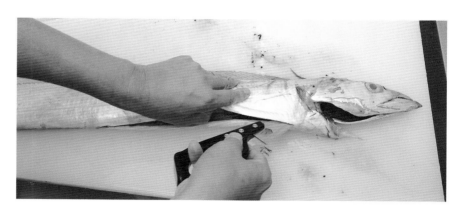

9 内臓処理

腹から内臓を引き出す。胃液などが漏れていると、それが身を溶かしてしまっていることもある。腹を見れば鮮度が分かる。

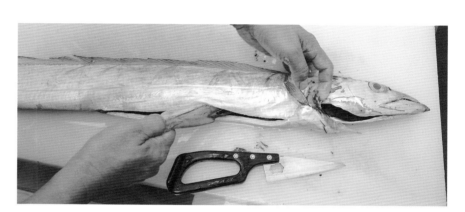

10 血合い処理

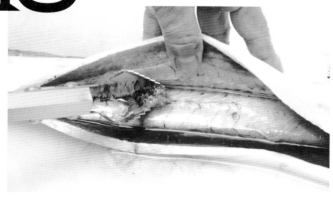

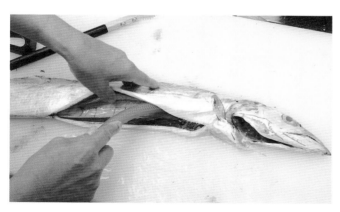

脊柱に沿って包丁で切れ目を入れてから、ウロコ血合い取りで、血合いをこそぎ取る。さらに、水を出しながらホースで血合いの付いていた脊柱をゴリゴリとこすって残っているカスを洗い流す。

11 立て掛け

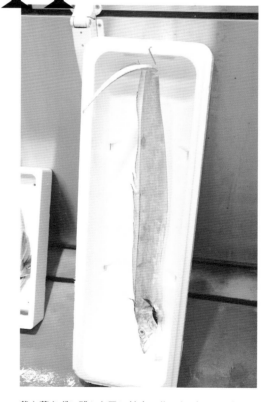

裁ち落さずに残した尾に針金で作ったS字フックをかけて吊るすように立て掛ける。また、ややトロ箱を斜めにして、キッチンペーパーなど紙を敷き、そこに張りつけるようにしても頭が下がった状態で固定することができる。

釣り堀でも釣れる極旨淡水魚。津本式の練習にも最適！

ニジマス

（写真は富士の介）

サケ目サケ科
【英名】Rainbow trout

広く知られる大衆魚。白身の塩焼というイメージがあるが、全国の養魚場で品種改良が進められ、赤身で脂乗りのよい大型個体が増えたことにより、刺身でも食べる文化が根付いてきた。今回、使用したのは2019年に山梨県が発表した「富士の介」（ニジマスとキングサーモンの交配種）。

成熟すると歯が鋭くなるので注意

ややヌメリがあり滑りやすい

腹ビレと
肛門の間が短い

仕立ての要点 🖊

・ヒレに尖ったトゲなどがなく扱いやすい

・内臓はホースの水圧も利用して
　ノドから取り出す

・開腹する長さが短いので
　専用器具（血合い取り）を使いたい

寝かせ

短期熟成	○	中期熟成	◎
長期熟成	○	超・長期熟成	△

〈 脂乗り時期グラフ 〉

1月	2月	3月	4月	5月	6月	7月	8月	9月	10月	11月	12月

流通する魚はほぼ養殖魚のため、一年を通して脂乗りはよい魚だが、産卵期は9〜11月の秋だから、最も美味しいのはその2〜3カ月前の6〜8月。奥日向サーモンなど各品種ともだいたい同じ。卵を持ち始めると身が緩くなってきて張りがなくなり、身肉の色も白くなってくるので、脂が乗った個体を求めるなら、その前が狙い目だ。

同じやり方で
こんな魚も！ … サケ　イワナ　ヤマメ

1 脳締め

エラブタにある線の延長にあるこめかみに細く尖った刃先の包丁かナイフをあて、魚と垂直ではなく、背中側に45度ほどの角度をつけて刺してからひねる。活魚を脳締めする場合はすべるのでタオルなどでしっかりと魚体を押さえて行う。すでに死んでいる場合は省いてもよいが、神経を抜く場合には必要。

2 エラ膜切り

エラブタを開き、エラを頭側に押さえて引っ張り、エラ膜を確認。膜の背中側に刃を入れてから脊柱をなぞるように引き、動脈を断ち切る。

3 尾に切れ込み

サケやマスの仲間に特有のアブラビレ（背中の後方についている小さなヒレ）の後端を目安に垂直に骨に当たるまで引き切る。次に包丁の背を叩いて脊柱を断ち切り、皮一枚を残して身肉を引き切る。仕上がりの見た目を気にしなければ尾を断ち切ってしまってもよいが、皮で一部つなげておくと、その後の作業時に魚をつかむ際にも役に立つ。

4 神経穴ノズル

神経穴の大きさに合わせてノズル径を選び、水を注入して神経を押し出す。活魚であれば、これがワイヤを用いた神経締めと同様の効果を持つが、死んでいる魚ならば省いても良い。上手くいくと白いひも状の神経が、脳締めで開けた穴から押し出される。水の勢いによっては出ないこともあるが、無理に出す必要はない。

5 動脈穴ノズル

神経穴

動脈穴

脊柱

背

腹

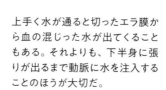

上手く水が通ると切ったエラ膜から血の混じった水が出てくることもある。それよりも、下半身に張りが出るまで動脈に水を注入することのほうが大切だ。

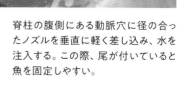

脊柱の腹側にある動脈穴に径の合ったノズルを垂直に軽く差し込み、水を注入する。この際、尾が付いていると魚を固定しやすい。

6 究極の血抜き

エラブタを開け、エラをよけてエラ膜切りで断ち切った動脈の入口にホースの口をあてる。

しっかりあててから尾の方向に水圧がかかるように角度をつけて、手で魚とホースを押え込む。体勢を整えた後に、水を出す。ホース口を押しあてすぎないように。

7 エラ取り

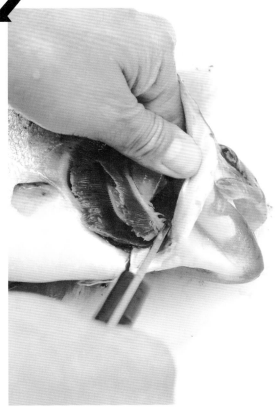

基本編（→P22〜）で紹介したブリとほぼ同様の手順でエラを取る。尖っている部位はほぼないので危険は少ないが、滑りやすいので慎重に。

8 開腹

まず心臓の納まっている膜を包丁で突いて脊柱をなぞりながら引き膜を切る。次に肛門に刃先を入れて腹ビレの付け根まで割く。ニジマスは他の魚に比べて腹ビレが後方についているため、開腹部がとても短くなる。ウロコ血合い取りなど専用器具がなければ腹をもう少し先まで割いてもよいが、そのぶん身の切り口が増えてしまうため傷みやすくなる。

9 内臓処理

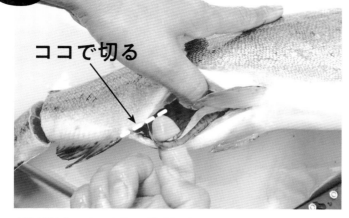

ココで切る

内臓を引きだし、肛門（腸）との接続部を切る。ニジマスの場合、内臓は腹から出さずにノド元から引き出すので、切断した内臓を腹の中に押し込める。

ノド側の穴に人指し指を入れてぐるりと回し、食道部を身からはがす。

腹にホースを差し込み、水圧で内臓をノド側に押しつつ、手で引きずり出す。上手くいくと、食道や胃腸、浮き袋、肝などをまとめて引きずり出すことができる。

10 血合い処理

ワンポイント
アドバイス

ウロコ血合い取りを腹から差し入れ、脊柱に沿ってついている血合いをこそぎ取り、ホースでノド側から水を送り込み、洗い流す。

最後にホースの口でゴリゴリやると血合いのカスをきれいに落とせる

最後にホースの口で脊柱をゴリゴリとこすり、細かい血合いのカスを取り除くと同時に、腹の中を素早く洗う。

89

血に毒あり。難易度高めの作業。生食は自己責任で!!

ウナギ

ウナギ目ウナギ科
【英名】Japanese eel

日本の河川・湖沼に生息するが、産卵魚は海に下り、はるか彼方のマリアナ海嶺で産卵をする。近年は漁業・養殖ともに減少傾向で輸入も増えているが、2019年に念願の卵からの完全養殖が成功したと発表され、安定供給への期待が高まっている。

強いヌメリが体中を覆う

仕立ての要点

・ヌメリは金だわしでこすって落とす

・頭を皮一枚で繋げておくと作業しやすい

・究極の血抜きには小物用高圧ノズルを用いる

同じやり方でこんな魚も! … アナゴ

| 短期熟成 | ○ | 中期熟成 | ◎ |
| 長期熟成 | ○ | 超・長期熟成 | △ |

〈 脂乗り時期グラフ 〉

| 1月 | 2月 | 3月 | 4月 | 5月 | 6月 | 7月 | 8月 | 9月 | 10月 | 11月 | 12月 |

もし獲れるのであれば冬が美味しい。卵を持って産卵する個体は川を下ってマリアナ海嶺に旅立ってしまうので、あまり産卵期の影響は考えなくてもよい。土用の丑の日など夏が旬のイメージがあるが、傾向としては秋口から冬場に脂が乗っている個体が多い。

1 脳締め

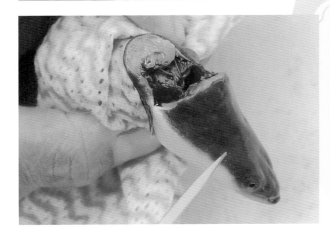

頭を落とすことで締める。この際、滑らないようにタオルで体を固定して、胸ビレの付け根の前部を目安に背中側から切る。脊柱に刃があたったら包丁の背を叩き、骨を断つ。この際、腹側の皮は一部つなげておくことで後の作業がしやすくなる。

ワンポイントアドバイス

氷水に 20 分ほど浸けて仮死状態にしてから作業

慣れないとヌメリの多いウナギはとても扱いづらい。頭を落とす前に氷水に20分ほど浸けて仮死状態にすると作業しやすい。

金だわしで魚体を頭から尾に向けてしごき、ホースの水で流してヌメリを落とす。強い力を入れて何回もしごくことで、体表がすべすべになってくればOK。作業前に約60℃のお湯に30秒入れることでヌメリはより取り除きやすくなる。

2 エラ膜切り

頭ごと落とすため、省略する。

3 尾に切れ込み

頭の2倍ぐらいの長さ分を目安にして尾に切り込みを入れる。刃が脊柱にあたったら、包丁の背を叩いて脊柱を断つ。尾は断ち落さずに背中の皮を一枚残しておくことで後の作業がしやすくなる。

4 神経穴ノズル

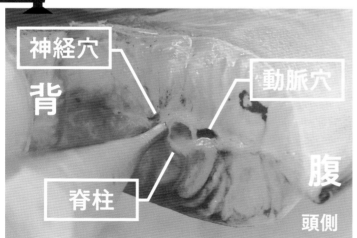

神経穴
背
動脈穴
脊柱
腹
頭側

頭側から神経穴に合った径のノズルを差し込み、水を注入して神経締めをする。上手くいけば尾の切断面から白いひも状の神経が押し出されるが、神経が出てこなくてもしっかり水を送り込めれば神経締めはできている。

5 動脈穴ノズル

切り残した尾をつかんで切断面を露出させ、動脈穴に径の合ったノズルを差し込んで注水する。この際、上手くいけば頭側の動脈切断面から血の混じった水が出てくる。この行程で最も大切なことは、尾付近の動脈と毛細血管にしっかりと水を送り込むこと。身が膨張してパンパンに張ってくるまで注水する。

6 究極の血抜き

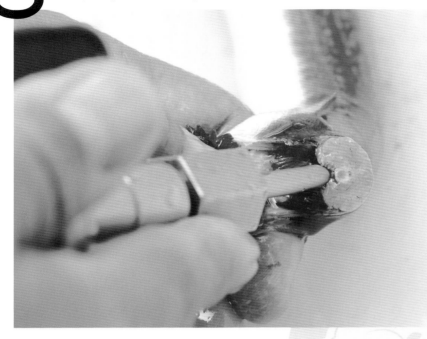

切り残した頭をつかんで切断面を露出させ、動脈穴に小物用ノズルの先端を差し込む。蛇口をひねり、水を動脈と毛細血管に送り込んでいく。魚体が全体的にパンパンに張り、体表に筋肉の筋が浮き上がってきたところで注水をやめる。

金だわしでこすって水を送り込む

注水中、金だわしで体を尾の方に向けてマッサージするようにこすることで、より効果的に水を血管に送り込み、尾側の切断面からも血液を洗い流すことができる。

7/8 エラ取りと開腹

肛門に刃を差し入れ、下アゴまで一気に腹を割いていく。

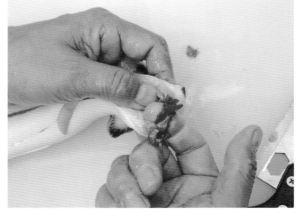

開腹した後に、頭側と胴体側に残っているエラを手でむしり取る。

9 内蔵処理

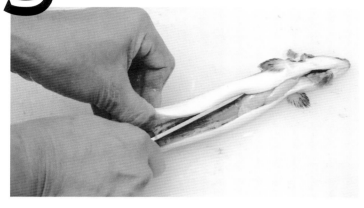

包丁の刃で内臓をこそいで
外し、手でつまみ、まとめて
引きずり取る。

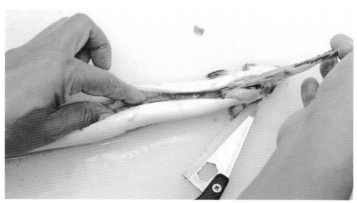

肝の血も抜けている！

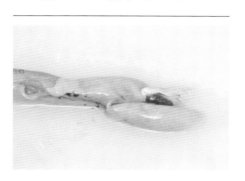

俗に言う「ウナギの肝」とは、胃・腸・肝臓など内臓全般を指す。津本式を施すと肝臓も血抜きされるので肝の色は白っぽくなる。

10 血合い処理

水で洗いながら、脊柱についた血合いを金だわしでこすり落とす。

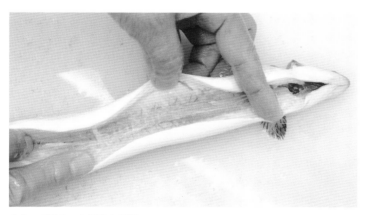

血合いがきれいに落ちた状態。

11 立て掛け

つなげたままの尾に針金のフックをかけて、頭を下にしてトロ箱に吊るす。トロ箱を少し斜めにして、キッチンペーパーを敷き、その上に頭を下にして貼りつけるように置いても立て掛けることができる。

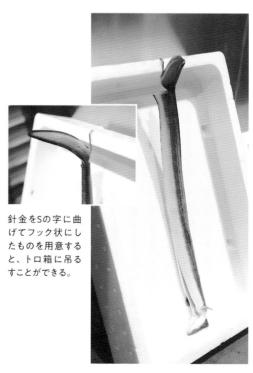

針金をSの字に曲げてフック状にしたものを用意すると、トロ箱に吊るすことができる。

熟成の基本

津本式の本領は、魚の鮮度を保つ期間を大幅に伸ばせることにあります。その特長を大いに利用しているのが熟成という調理手法です。ここでは「熟成」の原理と旨味を感じる仕組み、家庭で簡単にできる熟成の基本を紹介します。

熟成とは？

熟成についてわかりやすく理解するために本書では熟成の期間と効果に応じて、三段階に分けています。また熟成には従来から言われているイノシン酸に加え、近年は遊離アミノ酸も含めた二つの旨味成分が大きく関わっていることがわかってきました。これらを含めた本書での熟成の定義を紹介します。

本書での定義

イノシン酸熟成

**半日～数日でピークを迎える
魚ならではの旨味増加状態**

魚の旨味成分として知られているイノシン酸は、魚が元々持っている生命力と言えるATP（アデノシン三リン酸）の変化によって生まれます。通常ATPは魚の死後から変化が始まりイノシン酸に変化していきます。このイノシン酸は魚の種類や、魚の状態によって変化しますが、概ね、イノシン酸量が増えるピークは4～5日前後と比較的早いタイミングで訪れます。そのピークを超えると日が経つにつれ"減少"していくことが研究などでわかっています。このイノシン酸が優位に味覚に影響する熟成状態を、本書では「イノシン酸熟成」と定義しました。津本式処理を施した魚は、ピークを迎えたあとのイノシン酸量の減少速度が緩やかであるということもわかっており、この熟成状態の見極めや活用も津本式の優位性を生かす重要なファクターとなっています。

遊離アミノ酸類熟成

**10日前後から立ち上がる
別次元の旨味増加状態**

魚は寝かせることで、10日前後より筋肉などのタンパク質が変化し、グルタミン酸やアスパラギン酸などの遊離アミノ酸類の旨味が優位に増加していくことがわかってきました。こちらも、魚の種類・個体状態によりその増加タイミングは異なります。この熟成状態を本書では「遊離アミノ酸類熟成」と定義し、情報の整理を行いました。元々、遊離アミノ酸類は、魚にある旨味成分のひとつですが、通常の仕立ての方法では、この遊離アミノ酸類熟成状態に至るまでに、魚の腐敗や劣化が始まってしまい、この成分を活かすことが難しかったです。しかし、鮮度保存技術として効果が認められる津本式の出現で、この熟成状態の恩恵を受けることができるようになりました。

熟成の三段階

捕獲後～5日程度まで	6～14日前後	15日以降
短期熟成	中期熟成	長期熟成

熟成魚が美味しい理由

魚の美味しさは
旨味のみにあらず？

魚の二大旨味成分と言われるイノシン酸と遊離アミノ酸類は、魚の美味しさに直結するものですが、
人が感じる味覚はそれがすべてではありません。旨味成分に加え、歯ごたえや舌触り、風味やニオイ、
見た目に至るまで、魚の美味しさを決める要素は多々あります。
津本式を施した魚が熟成で引き立つ理由を旨味成分だけで語ることはできません。

味覚要素	感覚器が受容する要素	食べる人の状態	魚の状態
イノシン酸 →		食事環境	旬
遊離アミノ酸類 →	魚の二大旨味要素	嗜好性	鮮度（新鮮・熟成）
甘味	食味・風味	健康状態	天然／養殖
苦味	香り	精神状態	調理者／仕立て物
塩味	歯ごたえ	情報要素（プラシーボ的効果）	高級／廉価
酸味	舌ざわり		
脂味	見た目		

魚の美味しさは、ともすれば旨味成分のひとつであるイノシン酸で語られがちですが、近年、その働きが知られてきたもうひとつの旨味成分である遊離アミノ酸類に加え、香りや風味、歯ごたえや舌ざわりなども美味しさを決める重要な要素です。さらに言えば、これら舌・鼻・目などの感覚器が受容する要素ですら、魚の味をすべて決めているとは言い切れません。そこに食べる人の好みや健康状態などが加わり、その人にとっての美味しさは決まります。津本式は、熟成魚の美味しさを決める多くの要素に良い影響を与えます。また、イノシン酸の減少を抑えられることと魚の鮮度そのものを長く保てることから、二大旨味要素の相乗効果を狙うことに始まり、結果として料理人が腕を振るえる幅が広がります。そして食味・風味や舌ざわりにおいても他の仕立てに比べて良さを引きだせるポテンシャルが魚に備わると言えるのです。これらによって一般的には劣ると見られがちな養殖魚や廉価の魚が驚くほど美味しく化けることも津本式の大きな特長と言えるでしょう。

考察 ‖ 熟成魚が鮨ネタに向いている理由

熟成魚は鮨との相性がとてもよく、多くの鮨屋で独自に短期〜長期熟成した魚をネタとして用いています。魚の旨味成分を引き出すことはもちろんのこと、最も大きな理由のひとつはシャリとの相性と言われています。「鮨屋では魚を寝かせるのは活魚はシャリにそわないからと言われています。言い換えれば咀嚼したときに魚とシャリが混ざらないということです」（西新宿・sushi barにぎりて　保野 淳さん）

熟成の
注意点

保存術として
優れた津本式が
熟成に向く理由

熟成は、期間が増せば増すほど、肉質の劣化や血の腐敗、雑菌の発生など食べるうえで
マイナスとなる要素の発生が増加します。魚の種類や鮮度、仕立て、熟成環境・技術などにより、
その具合は変ってきます。優れた保存術として科学的に証明されている津本式は、
マイナス要素の発生をできるかぎり抑え、熟成の幅を広げてくれる仕立てなのです。

熟成の過程で発生する
マイナス要素

いやな臭い

魚の生臭さは主にトリメチルアミンと呼ばれる有機化合物、酸化した脂肪（不飽和脂肪酸）、それに古くなった血のニオイと考えられています。血抜きによりこれらが抑えられることが科学的に明らかになっていることから、津本式により血を効果的に抜くことで、いやなニオイを抑えられると考えられます。ちなみにですが、魚の餌のニオイなどが、脂肪（脂）などに結びつきやすいことも経験的に知られております。胃などに内容物が残り、腐敗することで、腐敗臭などの影響を受けやすくなることから、津本式の一連の枠組みを施すことで、脂肪などに不用意な香りが染み付かず、魚の食性による本来の香りが残ることが指摘されています。

色落ち

血は時間の経過とともに赤から黒っぽく変色します。血を極限まで抜き切る津本式を施すことで、血液の劣化による色落ちを和らげることができます。

雑菌の繁殖

体の表面や腹腔内にある細菌は時間経過とともに繁殖します。雑菌が繁殖すると食中毒が引き起こされることもあり注意が必要です。特に注意が必要なのは、低温処理が上手くいかずに発症するヒスタミン産生菌の繁殖です。これにより発症するヒスタミン食中毒は、後に加熱しても抑えることができません。津本式では真水で魚を洗い流すことやその後の脱気包装に加え、通常の冷蔵庫よりも低い温度での氷水浸けによる冷温処理により雑菌の繁殖を抑えていると考えられます。

肉質の劣化

身肉のタンパク質は時間経過とともに分解し、10日前後ぐらいから存在感を増す旨味成分の遊離アミノ酸にもなりますが、一方で肉質が崩れたりさらに時間が経過すれば腐敗してしまうこともあります。津本式の脱気包装・冷温処理は、肉質の劣化も遅らせることができると考えられています。

鮨と魚肴 ゆう心
黒木裕一

古くから熟成魚を扱う名店の板前として修業を重ね、現在は宮崎県宮崎市青島の鮨屋「ゆう心」を構える料理人。津本式で仕立てた魚を用いて熟成魚の可能性を追求、「魚の値段にとらわれず、持ち味を引き出す技術が天下一品」と津本さんが評する味の求道者。

> 津本式で
> 仕立てた魚の
> ポテンシャルを生かす

鮨職人に訊いた
家庭でできる
熟成の基本

津本式・究極の血抜きを施した魚を独自の手法で熟成させ昇華させる宮崎市青島の鮨職人、ゆう心の黒木裕一さんに、家庭でできる熟成の基本を教えてもらいました。

【実例】
マダイ1kgの 一週間熟成
（血抜き後、7日目に食べることを想定）

血抜き後 1〜5 日目
食べる2日前までの作業

① 脱気包装・冷温保存を保つ

究極の血抜きを施した魚を脱気したナイロン袋に詰めて氷水に沈めるまでが津本式の一連の流れ。この脱気・冷温保存状態が最も魚を傷めずに保存できるため、食べる2日前までこの状態を保つのが理想。長期熟成を目指す場合も同様だが、その場合は少なくても1週間に一度は開封してドリップ処理を行い状態を確認する。

ブリなどの大型魚の場合

ブリなどの大型魚を家庭で熟成する場合に、保存できる場所が確保できなければ切り分けてしまってもよい。頭と尾を落とし、保存できる状態にまで切り分けるが、できるだけ身肉が外気に触れないよう皮やウロコはそのままの状態にしておく。中骨も片側に残したままのほうがよい。切り分けたさくはキッチンペーパーなどの吸水紙と耐水紙に包み、それぞれをナイロン袋に入れて脱気包装・冷温保存する。

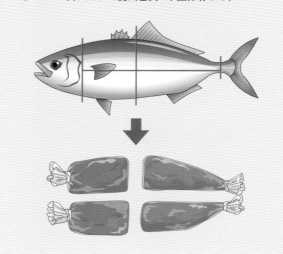

❷ ウロコを取り、水洗いして三枚におろす

食べる前日に開封。この際、魚の状態や保存期間によってはニオイを感じることもあるが、ウロコを取って水洗いすることでニオイは落ちる。その後、水気を取ってから三枚におろす。この際、皮や内臓が納まっていた部分にある膜はなるべく残しておいたほうが身が傷まない。

❸ 軽く振り塩をする

三枚におろしたさくの身側に、水分を抜いて味を凝縮させるための塩を軽く振る。この時に使う塩はできるだけ細かい粒の天然塩が、身に浸透しやすくおすすめ。振り塩の目安は焼き肉の牛タンに塩をパラパラと振るぐらい。味をつける目的では無いことに留意しよう。

❺ 水で洗う

水で残った塩や浮いてきた水分、ヌメリや臭みなどを洗い流す。1kgよりやや大きめのタイの場合は1〜2%の塩水で洗うぐらいでちょうどよい実の締まり具合になる。洗った後は、キッチンペーパーなどでしっかりと水気を拭き取る。

❹ 8〜10分ほど置く

塩を振ってから8〜10分ほど置いておくと、振り塩による浸透圧効果で身が汗をかくように水分が浮き上がってくる。これにより水分と一緒に余分なヌメリや臭み、残っていた血なども抜くことができる。

塩のあて方は魚種や大きさ・状態により異なる

今回は1kg級のマダイの塩加減を例に挙げたが、魚種や大きさにより塩のあて方は異なる。たとえば大型で肉厚のブリなら塩を振った後に水で洗わずそのまま寝かせる。塩が効いていない所は身が締まらず柔らかいままなので適宜「追い塩」を振ることもある。また締めてから数日のプリプリな魚は身に塩が入りづらいので、塩を振る代わりに1〜2%の塩水(塩味が身につかず水分を抜くことのできる濃度)に漬けたまま冷蔵庫で翌日まで寝かせるのも効果的。

⑥ バットに寝かせる

熱伝導率が高いためすぐに冷える金属製のバットにキッチン
ペーパーなどの吸水紙を敷き、さくを寝かせてラップをかける。
そのまま一晩、冷蔵庫で寝かせる。

血抜き後 **7**日目
食べる当日の作業

⑦ 変色した箇所を削り落とす

黒っぽく変色した部分は傷んでいる可能性があるのでナイフや包丁で
削り落とす。たいていの場合、空気に触れているところから傷んでくる
ので、傷んだ外側を削り落とせばその中身は食べられることが多い。
マダイの場合、約一週間の脱気包装・冷温保存で身が痛むことはほと
んどない。脱気包装・冷温保存に比べ、三枚におろした後は傷みやす
くなるので、さらにこの状態で熟成を進ませる際は、できるだけラップ
などで包み空気に触れさせないようにする。

大型魚の場合は?

水分が多く出やすい大型魚の場合は、吸水紙で包み、新
聞紙を敷いたバットの上に乗せて上からラップをかける。
この状態で、数日寝かせながら切り分けて食べる場合
は、毎日、ドリップなどの状態をチェックしてペーパーを交
換する。

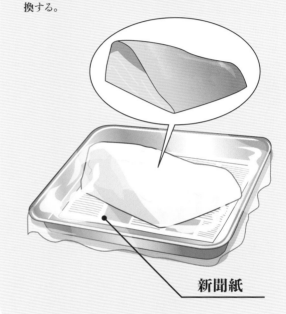

新聞紙

魚種によって傷み方は違う

サンマやサバ、アジなどの青物や、ヒラメやタイ、スズキな
ど白身の魚は三枚におろしてからの傷みが早い。対して
ハタやクエなどは三枚におろしてからも持ちがいい。熟成
の敵は腐敗菌を繁殖させる水分と、外気に触れた身肉や
脂の酸化。このふたつに気を付けながら経験を重ねて自
分なりの味を追い求めてみよう。

ゆう心の鮨と餚

①熟成2週間の漬けマグロ。②熟成10日のレンコダイ。カボスと醤油で。③熟成1週間のあぶりサンマ、内臓乗せ。④熟成2週間のアナゴ。一瞬でほぐれて消える舌触り。⑤熟成8カ月のカンパチ。燻製処理も施してある。⑥熟成1週間の漬けカツオ。カツオの常識が変わる味。⑦熟成19日のブリ。ゆう心こだわりの魚塩が振られる。⑧20日以上熟成させたチョウザメの焼き。串間の芋が添えられている。

熟成が津本式のポテンシャルを解き放つ

ゆう心さんの冷蔵庫から出して見せてくれた寝かせ状態。長期間の寝かせを終え、少しずつ切り分けて食べることのできる状態だ。

塩はさらさらタイプの海水塩を使用。できるだけ粒の細かな物が身に浸透しやすく好ましい。

8カ月熟成されたカンパチのさく。「これは私の遊びです。ある程度経つとそこから味は変わりません」と黒木さん。

津本さんは敬意をもって「ゆうさん」と呼ぶ。料理人と仕立て屋。カウンターで食べながら味を共有。経験を積み重ね、さらなる高みを目指す。

科学が証明する津本式の利点

インタビュー：東京海洋大学 高橋希元 博士

高橋希元（たかはし・きげん）　東京海洋大学学術研究院食品生産科学部門助教。海洋科学博士。熟成魚刺身の美味しさや、鮮魚の長期品質保持など、水産食品の有効利用に関わる研究に携わる。2019年度日本水産学会秋季大会にて「津本式急速灌流脱血処理によるカンパチ筋肉の鮮度保持」と題した研究結果を発表。学術論文も発表準備中。熟成魚研究の第一人者。

津本式・究極の血抜きで仕立てた魚の優位性を科学的に解明する検証を行った東京海洋大学の高橋希元博士（海洋科学）に、その結果と考察を伺いました。科学的に証明された津本式の利点とは？

――高橋先生の研究で科学的に明らかになった津本式の利点を教えてください。

最大の利点は、鮮魚の品質保持です。津本式で血を抜くことで、具体的には、まずイノシン酸の減少を緩和することがわかっています。旨味成分の持ちがよくなるということです。あとは身肉の色持ちがよく、さらに臭いの発生も抑えられる。これらが明らかになっている点です。またこれは現在分析中なのですが、腐敗につながる細菌の繁殖を抑えていることも予想しています。これは血を抜くことで抑えられているというよりも、魚の内臓を除去し、お腹の中を真水で洗っていることと、その後の脱気包装・冷温処理により抑えられていると考えています。血抜きによる効果と、水洗い・脱気包装・冷温処理による効果。これらの非常に理に適った仕立て方が、魚の品質保持を可能にしているのだと思います。つまり、血抜きだけに注目されがちですが、その後の一連の処理も含めての津本式だということです。

魚を扱う料理人は「ポテンシャルが高くない魚は熟成できない」という言い方をしますが、ここで言うポテンシャルの高さとは、品質の保持が可能であり、かつ腐りにくいという、このふたつを示しています。そういう意味で津本式は、魚のポテンシャルを高めることができる仕立てと言えるかもしれません。

――もう少し詳しく魚の熟成について教えてください。

「熟成にはイノシン酸が関わっている」とよく言われています。イノシン酸とはカツオ節などで有名な旨味成分です。魚の体内ではATP（アデノシン三リン酸）がADPや

AMPなどいくつかの物質になる変化を経てイノシン酸になり、最終的にヒポキサンチンという物質になる流れがあります。ATPは魚が暴れたりしてエネルギーを使うことで他の物質になりますが、生きている限り、平常に戻ればそれらはATPに戻ります。漁獲する時に暴れた魚は美味しくないと言われるのは、死んだ段階でATPの多くが分解してしまうためです。一方、脳締めや神経締めをされて暴れずに死ぬと、ATPがたくさん残っている状態になります。魚を獲ってから食べるまでには流通など時間がかかりますから、ATPがたくさん残っているほうが、イノシン酸が豊富な時を見計らって食べることができるというわけです。

イノシン酸は、魚を締めてから急速に増加して、その後減少します。例えば熟成によく使用されるカンパチでは、魚が死んでからおおよそ半日から一日でピークとなります。3〜4日経つともう減り始めてきます。イノシン酸の増減速度やピークに至る日数は魚によって多少前後はします。ですが、よく「熟成させればさせるほどイノシン酸が増えて美味しくなる」みたいな言い方がされることがありますが、それは間違いです。ですから一週間ほど寝かせる熟成に関して言えば、美味しくなる理由がイノシン酸だけにあるとは言えません。一週間ぐらい寝かせると、イノシン酸はむしろだいぶ減ってしまいますから。

――ではなぜ熟成魚は美味しいのでしょう？

一週間ぐらい寝かせると、今度は魚肉中のタンパク質の分解により遊離アミノ酸が増え始めます。味の素で知られるグルタミン酸やアスパラギン酸など、旨味の素となる

アミノ酸です。これによりイノシン酸が減った分の旨味成分が補完されるのかもしれませんし、遊離アミノ酸はイノシン酸との相乗効果で旨味を強めますので、その影響も考えられます。いずれにせよ、これまでは「イノシン酸が魚の旨味の素だよ」と言われていましたが、いわゆる熟成魚に関しては遊離アミノ酸の影響も大きいのではないかと考えています。ただ、この遊離アミノ酸が目に見えて増えてくるのは結構遅いんです。2〜3週間寝かせると遊離アミノ酸はだいぶ増えますから、その影響も大きくなるとは思います。ところが遊離アミノ酸が多く出てくるまで魚を寝かせていると、同時に臭いがでてきたり色が悪くなったりして品質が落ちてきます。私はそれを防ぐのが津本式であると考えています。

――ようするに津本式は長期熟成にも耐えられる魚を作ることができる、というわけですね。

そうですね。ですが「津本式を行うと熟成魚は美味しくなる」という説明は、誤解を招くような気もしています。美味しさに関しては、たとえば元々の魚の旨味をカツオだしだとすると、熟成は、そこに昆布だしを入れていくイメージです。カツオだしであるイノシン酸の影響度が落ちて、昆布だしである遊離アミノ酸の影響度が増えていくというのが旨味成分における熟成の基本です。しかし、この現象は魚を熟成すると一般的に起こるものであり、津本式でないと起きないというわけではありません。ですから、旨味の観点から熟成魚が美味しいことと、津本式の利点とは切り離して考えた方がよいように思っています。津本式を行うことで臭いや色落ちを抑えることが可能とな

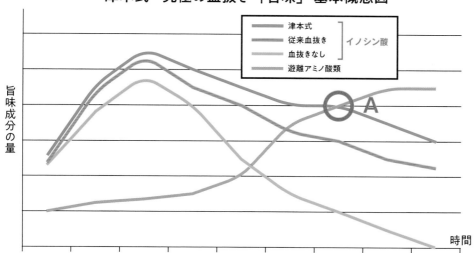

津本式・究極の血抜き 「旨味」 基本概念図

凡例:
- 津本式
- 従来血抜き
- 血抜きなし
- 遊離アミノ酸類

イノシン酸

縦軸: 旨味成分の量
横軸: 時間

A

魚の熟成による旨味成分基本概念図です（編集部作成）。魚の種類や個体ポテンシャルによって変化はありますが、魚の二大旨味成分構成要素（イノシン酸、遊離アミノ酸類）の時間軸による推移を表しています。魚を締めるとATPの変化により、イノシン酸は急速に増加し、比較的初期の段階でピークを迎え、以降は減少していきます。また、タンパク質分解によって生じる遊離アミノ酸類は、イノシン酸の減少よりも遅れて増加していきます。つまり遊離アミノ酸とイノシン酸の合算から、この図の「数値上」の旨味のピークはAのタイミングと読むことができます。ただし、実際に感じる旨味は数値の加算ではなく乗算的な特性もありますし、熟成魚の場合は図には示されていない歯ごたえ・色・臭いなどの影響も大きいため、美味しさのピークは各個で見極める必要があります。

りますので、長期熟成により魚肉の旨味を引き出しやすくなる。その点において「より熟成に向く魚が得られる」とは言えると思います。

美味しさに関して言えば「1週間ほど寝かせた熟成が美味しい」と言われる方が多いように思うのですが、科学的には根拠をつかみきれてません。遊離アミノ酸の増加も1週間ぐらいではそこまででもありませんから。その時点だと単純にイノシン酸が減って遊離アミノ酸はそこまで増えきっていない……という印象を受けるんです。そう考えると熟成の美味しさというのはイノシン酸とか遊離アミノ酸など旨味成分だけの話ではないのかな？とも考えています。たとえば熟成が進むとテクスチャー（肉質）が柔らかくなり、味が強く感じやすい食感が得られるとか……。そういった様々な要素が関与しているんだろうと考えており、研究を進めています。もっともただ寝かせているだけではなかなか美味しくなりにくいから、たとえば塩を打つとか水を抜くとか干すとか、料理人はいろいろなことをやっています。その技術も含めて熟成であり、魚をさらに美味しくするコツなのではないかと思っています。

――津本式は熟成に向く一方、締めたてなど鮮度のよい状態で食べた時には、どのような効果が得られるのでしょう？

他の仕立てよりも血を抜きますから、血の味や魚臭さは減りますよね。やはり血が結構臭うんです。血液自体にトリメチルアミンやアンモニアのような臭気成分が入っています。血を抜くことでこれらの臭いが抑えられるというわけです。

ただ締めたてで言うと結構好みの問題か

な？とも思います。新鮮な魚をいつも食べ慣れている人ならば、血の味も含めて「美味しい魚の味」と認識しているでしょうから、津本式を行うとあっさりした風味で少し物足りないと感じることもあるかもしれません。一方で、魚を食べ慣れていない人や魚の苦手な子供たちには好まれると思います。

これは熟成魚にも当てはまることで、熟成した魚の濃厚さがよいという方も、鮮度のよい魚の切れのよさのほうが美味しいという方も当然いるでしょうね。

――高橋先生が他に津本式・究極の血抜きに感じているメリットはなんですか？

従来の放血と異なり、たとえばスーパーの魚売り場に並んだ魚でも血抜きができることは大きな利点です。これまでは漁場などで、魚が生きているうちにやらないと血

は抜けませんでした。でも津本式ならば死んだ魚からも血が抜けます。そこはたとえば鮮魚を買う一般の人にとっても大きなメリットです。

一方、店で保存できる期間が伸びたり、流通できる期間が伸びることは、ビジネス上の非常に大きなメリットではないでしょうか。いかに水産物が有効利用できるか、消費促進が進むかと考えた時、津本式は幅広くいろいろな人に水産物を安定的に食べてもらえる技術ですから、大きな可能性

を秘めているように思います。

――最後に高橋先生の今後の研究について教えてください。

我々のチームの研究により、津本式によってイノシン酸の減少が緩和されているとか、色持ちがよくなったとか、臭いの発生が抑えられたということを明らかにするデータを得ることができました。ですが、なぜそういうことが起きるのかというのは、まだ仮説の段階です。現時点では現象を確かめただけで、裏付けの研究がまだなんですね。おそらく血液を抜いていたり、真水で洗っていたり、そのほかとても優れた処理をしているためだとは思っているのですが、それを実証する必要があります。

たとえば津本式をするとイノシン酸の減少が緩やかになるのは、おそらく血液中にあるイノシン酸を分解する酵素（血液中に

津本式は魚の持ちをよくする仕立て。旨味成分であるイノシン酸の減少を抑える効果が科学的データとして得られています。

含まれる、さまざまな化学反応を引き起こす生体触媒のこと）も同時に抜いているからだと考えているのですが、まだ裏付けは取れていません。どこまで本当に血が抜けているのかとか、本当に血を抜くことが影響しているのかとか、それを明らかするための裏付けの研究を今後、進めていきます。あとは魚が死んで何日目までだったらちゃんと血が抜けるのか。そのような実地的な検証も、これからひとつずつやっていきたいですね。

津本式のトレードマークは死神。魚が最後に目にするのは締める自分、ということを表現している。命への感謝を忘れずに、できるだけ最高の形に仕立てたいという津本さんの想いが込められている。

\ はみだしQ&A /

津本式マニアックス

どこまでも奥深い津本式。お伝えしたいことはまだまだありますが、最後に、津本式・究極の血抜きの理屈を踏まえた上で展開できるややマニアックな考察を、Q&Aの形でお届けします。

 カツオやマグロは血の味こそが、風味と言えると思いますが、究極の血抜きを行って、その風味は損なわれないのでしょうか。

まず、その疑問にふれる前に、血の風味の正体について考えてみます。魚の血液には様々な成分が含まれていると言われていますが、旨味や味という部分をピックアップした場合、タンパク質から変異するアミノ酸、0.9%の塩分と酸化鉄、トリメチルアミンおよびトリメチルアミンオキシド、イノシン酸の影響が優位にあると考えられます。これを味と捉えた場合、確かに血を抜くことにより、その風味は抜けてしまうと言えるでしょう。全体の味に大きな影響を与えない微々たる「風味」ではありますが、それを感じ、それを知っている方にとっては、血抜きによる血の喪失によりそれを「物足りない」と表現されるかもしれません。従来の方法では、そもそもそれらの風味を取り除く手段が存在せず、「風味」として存在していたのですから。

ちなみに、料理においては、その抜けた風味を補填・補完する技術もありますので、旨味の正体を理解できれば、血の風味の再現も可能と言えます。

津本式を実践する「sushi bar にぎりて」さんのヘッドシェフを務める保野淳さんは、こんな経験談を話してくださいました。「2019年の夏にキハダ30kgをガッツリ津本式で血抜きして寝かせたんです。そのキハダはそこそこの期間寝かせて食べると物凄く美味しく仕上がりました。でもそれは皆さんの知っているマグロとはかけ離れた別物でした。このキハダは寝かせて旨味を増していますが、血液が抜けて別物に感じる感覚は同じなのではないかと思います。マグロやカツオのように血液が含まれることを前提に美味しさが定義されているのと同様、未処理でも鮮度の高い魚を常に口にしている魚処の人たちからすれば、『美味しいけどマグロじゃないよね』ってことなのだと思います。まぁ、ここが、津本式が革命たる所以でもあるのですが。では、美味しさと定義されていて血抜きで失われたマグロの血液の成分は？となると前述の通りなわけです。なので食文化として定義されていた味とするのが適当なのかなと思った次第です」

また、別の方のお話によると「寝かす＝冷やすことによって固まった不飽和脂肪酸（魚の脂）から、血抜きによって抜かれた香りが出てきます。しかも、血液中の血の香りや、不純物、内蔵物の香りは抜けた状態のものです。そして、魚の脂には、その魚の食べた餌の影響が風味として出てきますので、熟成を経て風味が戻ってくると考えることもできます。例えば以前、2週間、津本式で寝かせたブリを食べたら、甘海老の香りがしたんです。このブリの主な餌は甲殻類だったのかな？　と。こういった形で、魚の脂などの劣化が抑えられる津本式は、今までに出てきにくかった、魚の本来の風味などを味わうことができると考えています」

という訳で、その多少の血の風味の影響と、血抜きによって保存期間が延び、熟成により今までにない味と旨味をまとったカツオやマグロの味が従来のそれに比べて劣るかと聞かれると、そうではないと言えます。味の好みや、食文化の違いはあると考えられますので、津本式で熟成を経た魚を「最高」とするのは狭量としても、「否定」する根拠にはならないのではないでしょうか。

  あれだけ身に水をかけて、水っぽくならないの？

東京海洋大学の高橋助教によると「少なくても新鮮な魚を使っている限りは、津本式を行うことでドリップが増えるなど、水分が増す現象は見られません」とのことです。ただ、鮮度が下がって血管が傷んでいたり、筋組織が崩れているような魚だと、水っぽくなる可能性があります。究極の血抜きや動脈穴ノズルで水圧をかけることで血管が破れ、身に水が入ってしまう状態です。また、動脈穴や神経穴にノズルで水を送り込む工程で、穴から外れた箇所に水を注入してしまっていたとしたら、筋組織に水が入ってしまうこともあるでしょう。ただ、高橋助教いわく「多少の水が筋肉中に入り込んだとしても、魚の状態がよければ筋肉が水をはじく形で流れ出ていくはずです」とのこと。いずれにしても、新鮮な魚を用いて津本式を正しく行っている以上、魚が水浸しになるようなことはありません。もうひとつ大切なことは、最後の立て掛けをしっかりと行うことです。地味な工程ですが、血管内に溜まった水と血を排出するとても重要な作業なのです。

津本式をしても魚が美味しくならない！どうして？？

左ページのアンサーでも解説しましたが、血抜きにより抜かれる、血液に含まれる微量な成分が「風味」であると仮定した場合、当然ながら一時的に「風味」は薄れます。実は、この質問は魚の美味しいと言われる「魚処」の人たちからの疑問です。鮮度の良い、一般的に美味しいとされる魚たちを1～4日程度以内に食べられる環境にいますと、血液の劣化がまだ味に影響しない、むしろ風味として機能している鮮度状態のものを食されていると仮定できます。これを「鮮魚の美味しさ」と定義するならば、そういった状態の魚たちの血を抜くことは単純に風味を抜く作業と言えますので、物足りなさを感じるのは仕方のないことです。

特に、身質の柔らかい魚などは、半日から数日で訪れるイノシン酸の旨味のピークの恩恵を受けられますので、その場合は美味しさの恩恵を受けることができるでしょう。しかし、津本式の真骨頂と言えるのは中期熟成以降のフェーズです。

そして、津本式のひとつの特長的効果として、第一の旨味、イノシン酸の減少が抑制されることがわかっています。魚が持つもうひとつの旨味成分である遊離アミノ酸類が目立って出てくるのは、イノシン酸の減少が進む10日目以降だと言われています（魚種や個体により異なる）。旨味成分だけの話はナンセンスですが、こういった成分は複合することでより味覚に与える影響が大きいことが知られています。

そして、イノシン酸の減少を抑えられる津本式は、簡単に言えば、熟成によって美味しさが際立つタイミングを捉えやすい魚を仕立てる技術といえます。このタイミングの味は、食べ慣れていない人には「カルチャーショック」かと思います。

ただし、この状態を捉えるためには熟成の下地を作る、津本式の理解と技量が必用になります。また、そういったタイミングを捉えきれず、熟成が進んでしまうと単純な遊離アミノ酸類熟成優位状態の味に陥り、より「好みの問題」になってしまうと考えられます。

テクスチャー（肉質）が柔らかいとなぜ美味しく感じるの？

コリコリとした食感を好まれる方がいる一方で、柔らかなテクスチャーは、咀嚼によって魚肉が崩れやすく、旨味や肉汁を舌が感じやすくなるという特徴があります。また、現代の食文化ではそういった柔らかな身質が好まれるという一面も持ち合わせていると言えます。例えば、ハタ類は長期熟成に向く魚ですが、旨味の増加のほかにタンパク質分解によって身質が柔らかくなり、舌がより美味しさを感じやすくなる要因になります。津本式で延びるイノシン酸のピークは概ね1週間と考えると、遊離アミノ酸の発現を抜きにして、寝かせれば寝かせるだけ旨味が増すというより、肉質が柔らかくなることで、美味しさが感じやすくなるという可能性を指摘できます。

イノシン酸と遊離アミノ酸類が魚に含まれるということは、その2つの旨味が1:1になるポイントを見つければ旨味爆発なのでは？

単に旨味成分の含有量だけで考えれば、イノシン酸と遊離アミノ酸類に含まれる、グルタミン酸などとの割合が1:1になることで舌に感じる旨味は7～9倍になる研究結果が出ています。なので、魚の熟成過程において、その割合タイミングを見つけることができれば、美味しさが増す可能性があります。しかし、テクスチャー（肉質）が味覚に及ぼす影響は大きいことを料理人や研究者も指摘しています。そういった複合的な要因を加味した上で、魚の旨さのゴールデンクロスポイントを見つけてみてください！

熟成魚には赤ワインがいい!?

熟成が進んだ魚は、遊離アミノ酸類の影響を色濃く受ける状態だと仮定すると、従来言われていた「魚には白ワイン」というセオリーが崩れるかもしれません。というのも遊離アミノ酸類は、牛や鳥などの肉類に多く含まれる旨味成分だからです。でも、魚の熟成によって生まれるトリメチルアミンなどの臭みは、酸味のある白ワインにより緩和されるとも考えられますので、ここはワイン愛好家の皆様の開拓分野なのではないでしょうか！

魚には、まだまだ知られていない味があるはずだ。

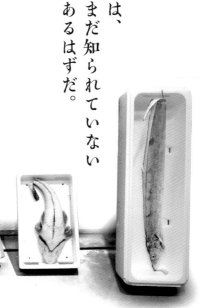

究極の血抜きを発案し、今もな
お、魚の可能性を追求し続ける津
本光弘氏。愛犬のトロと一緒に。

究極の血抜き
津本式
YouTube チャンネルは
こちらから！

魚 食 革 命

津本式
究極の血抜き 【完全版】

発行日：2020年1月20日　第1刷
　　　　2022年12月26日　第7刷
監　修：津本光弘
編　集：ルアマガ事業局
発行者：清田名人
発行所：株式会社 内外出版社
　　　　〒110−8578 東京都台東区東上野2−1−11
電話：03−5830−0368（販売部）
印刷・製本：株式会社シナノ

©内外出版社